中华人物故事汇

叶挺

中华先烈人物故事汇

军事科学院解放军党史军史研究中心

学习出版社

中华先烈人物故事汇《叶挺》编委会

目　录

Contents

引　子

为人进出的门紧锁着，
为狗爬出的洞敞开着，
一个声音高叫着——
爬出来吧，给你自由！
我渴望着自由，但也深深地知道
人的身躯怎能从狗洞子里爬出！
我希望有一天地下的烈火，
将我连这活棺材一齐烧掉，
我应该在烈火与热血中得到永生！
……

这是叶挺将军1942年作于狱中的《囚歌》。

这是一个共产党人用生命和鲜血谱就的慷慨而悲壮的自白！今天读来，仍让人感到字里行间燃烧着无限的激愤，也放射着明澈的光辉。

这是一首真正的诗！跳荡着生命燃烧的火焰、彰显着峻烈的正义感和永不屈服的意志，使之超越一切苦难成为永恒的精神火炬。

叶挺，1896年9月10日生，原名叶询，字希夷，广东省惠阳人，著名军事家，北伐名将，八一南昌起义主要领导人之一，新四军军长，中国人民解放军创建人及新四军主要领导人。

叶挺出身于农民家庭，7岁入本村小学读书，后入惠州府立蚕业学校，因剪辫子反对清政府统治、支持广州黄花岗起义被捕。获释后在武昌起义革命浪潮的鼓舞下，立下从军志愿，先后就读于广东陆军小学、湖北陆军第二预备学校，毕业于保定军官学校。在校学习期间刻苦攻读军事课程，广泛阅读进步书刊，曾给《新青年》杂志投稿，表达革命理想。

1919年，叶挺回乡参加“援闽”粤军，后经人推荐追随孙中山革命，担任孙中山大元帅府警卫团第2营营长。陈炯明叛变革命时，叶挺奉命守卫总统府，与敌浴血奋战，掩护孙中山、宋庆龄夫妇脱险，为保卫孙中山、打倒旧军阀、统一中国进行了英勇斗争。

1924年，叶挺在苏联东方劳动者共产主义大学和红军学校中国班留学期间加入中国共产党，由信仰三民主义改为信仰共产主义。1925年回国，叶挺奉命参与组建共产党领导的国民革命军第4军独立团，并任团长。为培养这支劲旅，叶挺作出了重大贡献。

北伐战争中，叶挺率领独立团智取汀泗桥，血战贺胜桥，屡建奇功，为国民革命第4军赢得“铁军”称号，叶挺本人也被誉为“北伐名将”。

1927年8月1日，叶挺与周恩来、贺龙、朱德、刘伯承等领导南昌起义，在起义部队南下寡不敌众而遭失败的情况下，护送病重的周恩来转移到香港。12月11日又参加广州起义，任起义总指挥和工农红军总司令。广州起义失败后，叶挺遭到国民党通缉，又在党内先后受到李立三、王明的无端指责和错误清算，他愤然出走，度过了10年流亡岁月。

抗日战争爆发后，叶挺满怀抗日救国热情回

国参与组建新四军，并出任军长，被授予国民革命军中将军衔。他虽未重新加入共产党，但在领导新四军进行抗日救国的斗争中，始终坚决贯彻执行党中央的正确路线，坚持敌后抗战，率部粉碎了日寇对皖南的“大扫荡”，立下了赫赫战功。

1941年1月，国民党顽固派制造了震惊中外的皖南事变。叶挺指挥部队激战8昼夜，率领部队奋起突围，在与国民党交涉时被扣押。他在被国民党反动派囚禁期间，多次拒绝蒋介石的威逼利诱，婉拒了陈诚高官厚禄的邀请，先后被押于江西上饶、湖北恩施、广西桂林等地，最后被囚禁在重庆的中美合作所集中营。

抗战胜利后，已被囚禁5年多的叶挺被共产党营救出狱。他在重获自由的第二天就电告中央，请求重新加入中国共产党。3天后，党中央、毛主席即电告叶挺批准其加入中国共产党，并以“亲爱的叶挺同志”相称。

1946年4月8日，叶挺在赴延安参加整军会议途中，坠机殉职。

01 壮丽青春

人要上进　叶要上挺

广东省惠阳县淡水镇，有一个风景秀丽的小山村，名叫周田村。山村绿荫环绕，两条溪水从山间潺潺流出，在村前汇合后，再向淡水河流去。这里依山傍水，地形独特，的确是个上好地方。早些年，周围的农户陆续在这里盖起了房子，一座座漂亮的小楼前，常年流着清澈的溪水，人们把这里称作“会水楼”。

1896 年 9 月 10 日，家住会水楼的叶锡三喜得贵子，给全家人增添了许多欢乐。乡亲们听说叶锡三家又添丁进口了，纷纷上门祝贺。好客的叶锡三拿出亲手制作的水酒招待乡亲。大家喝着水酒，看着招人喜欢的娃娃，都说叶家逢了好福气。由于这是叶锡三家的第八个孩子，人们就称他“小八郎”。他就是后来叱咤风云的叶挺。

叶锡三在村里算得上精明能干，年轻时从父亲那里学会了祖传的中医，开着老一辈留下的中药铺“锡宗堂”。但家里人多，中药铺微薄的收入难以养家糊口。为了缓解家庭生活的困难，他和乡亲一起闯过南洋，在马来西亚的种植园做过苦力，学会了割橡胶、种水果等技能，这不仅为他今后的谋生奠定了坚实的基础，也大大开阔了眼界。

叶锡三先后娶过两个妻子，第一个妻子黄氏，因体弱多病，生下四男两女后不幸离世。小八郎的生母吴氏是叶锡三的第二个妻子，共生育三子两女，小八郎是吴氏生育的第二个儿子。他 1 岁多那年，父亲叶锡三大病了一场，身体虚弱，不能从事繁重的体力劳动，吴氏就承担起了家里的重担，经常背着小八郎下地干活，有时干脆把孩子放在地头，任其摸爬滚打，自由成长。一家人的生活虽然艰苦，倒也充满了温馨和乐趣。

看着小八郎一天天长大，叶锡三觉得应该给

儿子起一个响亮的名字。于是，他带着小八郎去求见教私塾的堂叔叶友山。叶友山饱读诗书，看到堂侄来请他为儿子起名，自然很认真。他见小八郎相貌堂堂，十分乖巧伶俐，便根据“有田同耕，有饭同吃，有衣同穿，有钱同使”的公平社会理想，说道：“我看这孩子相貌不凡，将来必有作为，他们这辈人应该是‘为’字辈，既然要做大事业，那就必须言行一致，知行合一，依我看不如起个‘询’字，就叫‘为询’吧！字希夷，号西平。”

听了堂叔起的名字，叶锡三很满意，连声道谢。从此，叶为询的名字就在村里叫开了。

叶为询 7 岁那年，父亲决定把他送进村里的腾云小学读书。学校的老师就是给他起名字的叶友山先生，学习的内容是些蒙学课本，如《三字经》《百家姓》《千字文》《幼学琼林》和《朱子家训》等。这些枯燥晦涩的读物，叶为询并不喜欢，但他天资聪颖，先生规定的书目，他读两三遍就能背诵。然后他就不安分起来，经常逃课，在同学中尽出些花花点子，或向老师提些连老师也不好回答的问题，有时让老师难堪。因此，叶为询经常受到罚站、打手心的惩罚。

叶为询是个勤奋、懂事、爱动脑的孩子，每天放学回家后，总是抢着找活干，放牛、割猪草、拾柴火，一刻也不闲着。家里兄弟姐妹多，他从不攀比，很好相处，大家都很喜欢他。在一起欢快的劳动中，他经常看到有钱人欺负穷苦人、有权人压迫普通老百姓的不公平现象。在瓜果飘香的季节，为什么穷苦人辛辛苦苦摘来的水果，卖了钱以后都要交给地主？在稻穗金黄、稻浪翻滚的时候，为什么穷人起早贪黑种的稻谷，收获以后要交到地主的粮仓？地主老财们从来不下地干活，而家里总是仓满囤满，吃着山珍海味，穿着绫罗绸缎，养得脑满肠肥；而贫苦农民一年到头，风里来，雨里去，春种、夏管、秋收，吃苦受罪，却总是吃不饱，穿不暖，还要受到富人的欺压？

这些问题常萦绕在他的脑海里，无论是在课堂上还是在田野里，他不断地思考，但始终找不出答案。有一天，他带着这些疑问去问叶友山先生，先生不但没有正面回答，还严厉地斥责他不用功读书，整天胡思乱想，让他罚站。

不久，叶友山先生辞职，由具有民主进步思想的陈敬如老师任教。他痛恨社会制度的腐败和社会上的不公平现象，喜欢有正义感的学生。陈老师发现叶为询思想活跃，课余时间就借《民报》《革命军》等具有民主思想内容的书刊给他阅读，还细心解答叶为询不解的一些问题，鼓励他刻苦学习，长大后积极投身到改变社会、振兴中华民族的伟大实践中去。为勉励他奋发上进，陈老师还建议他改名为“叶挺”，寓意是“人要上进，叶要上挺”，关键时刻“挺身而出，拯救中华”。

叶为询非常感谢陈老师的教诲，觉得这个“挺”字很合他心意，于是欣然接受。从此，叶挺这个响当当的名字，伴随着旷世名将，叱咤风云，响彻神州大地，走完了他波澜壮阔的一生。

1911 年春天，叶挺小学毕业后，在陈敬如老师的鼓励下，独自离开家乡，步行 60 多里路，来到惠州府一所免费的中等蚕业学校读书。

惠州是岭南重镇，历史上是兵家必争之地，孙中山领导的革命党曾在这里举行起义。惠州聚集了各种进步思想和先进文化，叶挺在学校里能够阅读到孙中山、邹容、章太炎等进步人士的文章，思想上受到强烈的震动。

此时，正值辛亥革命的前夜，“山雨欲来风满楼”，全国的革命形势迅猛发展，到处如同布满的干柴，只要有一点星火就会燃起熊熊烈焰。这年的4月27日，革命党人黄兴领导的同盟会，在广州黄花岗举行起义，却遭到清政府的残酷镇压，72位革命党人英勇牺牲。消息传到叶挺所在的惠州蚕业学校，立即引起群情激愤，朝气勃勃的青年学生走出学校，举行游行示威。

当叶挺看到许多热血青年，为配合孙中山领导的旨在推翻腐朽清王朝的革命运动，表示拥护革命的决心，纷纷剪掉拖在脑后的长辫子时，他也勇敢地站了出来，拿起剪刀，抓起辫子“咔嚓”几下，把留了十几年的一直拖在身后的辫子剪掉了。他大声说道:“同学们，清政府腐败无能，割香港、让青岛、租旅顺，连小小的日本也把魔爪伸进了东北和辽东地区，帝国主义掀起了瓜分中国的狂潮，中华民族已面临着亡国的危险，我们要行动起来，同清政府彻底决裂，加入孙中山领导

的革命行列中去！”

在他的号召和带动下，许多同学也剪掉了辫子。

腐朽的清政府，下令大肆搜捕和镇压革命党人。凡是剪去辫子的，都属于被清理之列。

一天夜里，惠州府一群衙役冲进蚕业学校，不由分说，把带头剪掉辫子的叶挺从床上拉起来，一顿拳打脚踢后，五花大绑地带出学校，关进了监狱。

年仅 15 岁的叶挺，在潮湿寒冷的监狱中，忍受着蚊子、臭虫的叮咬，吃不好饭，睡不好觉。狱警看他还是个学生，就让他签个“认错书”放他出去，叶挺却坚决不肯。当他看到革命党人被打得遍体鳞伤，甚至有的被推出监狱斩首示众时，他没有被这惨绝人寰的现实所吓倒。相反，狱中革命党人誓死不屈的凛然正气给他留下了深刻印象，他决心向那些革命者学习，不但不后悔剪掉了辫子，反而更加坚定了他革命的意志。

叶挺被抓，急坏了父亲叶锡三，他找到叶挺所在学校的徐校长，请他出面周旋。徐校长也怕事情闹大，影响学校声誉，于是一面托人找惠州总督求情，一面拉了几个清朝举人集体签名写了“具保书”，反复说明叶挺是小孩子，年幼无知，受人蒙骗，并非真正的革命党人，请求当局宽大处理，并保证今后一定严格要求、严加管束，不会再发生类似的事情。监狱当局对叶挺审问了几次，也觉得问不出什么东西，干脆卖个顺水人情，就把叶挺从监狱放了出来。

校方为了不再引起麻烦，对叶挺提出不准再议论国事、不准集体议论革命党人、不准外出等要求和限制。性情刚毅的叶挺哪里受得了这些条条框框的束缚，吵着要回家。于是，学校决定把他开除。叶挺也乐得早点离开这个思想禁锢的地方，另寻出路。

回到家中，胆小的母亲连夜给叶挺做了一顶带有假辫子的小帽子，让他戴在头上，免得再招惹是非。但叶挺认为没有做错的事，就一定要坚持到底，他把母亲给他的假发帽子一把拽下来，顺手扔进了河沟里。

事后，有人在背地里说叶挺爱出风头，抓进

监狱是自作自受；也有人说叶挺就是小革命党人。叶挺听了毫不在意，反而自豪地说："如果我真是革命党，那是我的无上光荣，可惜我现在不够格，人家革命党人根本看不上我。"

当天夜里，叶挺在日记本上认真抄录下了民族英雄岳飞的《满江红》：

怒发冲冠，凭栏处，潇潇雨歇。
抬望眼，仰天长啸，壮怀激烈。
三十功名尘与土，八千里路云和月。
莫等闲，白了少年头，空悲切。
……

对话《新青年》

叶挺被蚕业学校开除后，经过刻苦努力和精心准备，第二年又考进了广东陆军小学堂，穿上了军装，终于实现了他从军的愿望。以梦为马的那个少年，由此开启了他梦寐以求的军旅生涯。

叶挺从小就喜欢舞枪弄棒，加之身体强壮，到了广东陆军小学堂之后，真可谓如鱼得水。他在这里学习了 3 年，除了出色地完成各门功课外，还结交了许多志同道合的朋友。他经常参加各种活动，议论时政，激扬文字，能力和才干得到初步的展现。

由于各方面成绩优异，表现突出，1915 年年初，叶挺被保送到设在湖北武昌的陆军第二预备学校继续深造。

叶挺深知，革命的道路还很漫长，干革命需要知识作本钱。他在学好规定的课程的同时，还选修了无机化学、解析几何、微积分和德语等课程。他如饥似渴地刻苦攻读，加之天资聪颖，取得了各门功课优秀的好成绩。他兴趣广泛，博览群书，政治理论水平也得到很大的提高。1916 年年末，叶挺完成了湖北陆军第二预备学校的学业。第二年春天，他又继续北上，考入了当时中国的最高军事学府——保定陆军军官学校。

从武汉到保定的途中，叶挺看到在帝国主义、封建主义蹂躏下的祖国大地，满目疮痍、民不聊生的破败景象。这一切，更加坚定了他打倒帝国主义、封建主义，强兵富国，救人民于水火的信念。

保定陆军军官学校创办于 1912 年，是中国近代史上第一所正规军事学校。学校具有优越的学习环境和条件，因为是官办学校，免费供应食宿，免费提供学习用品、书本。这对于家境贫寒的叶挺来说，无疑是最大利好。他可以专心致志地把全部精力用在学业上，不必再为筹集学杂费忧心劳神。

陆军军官学校学习的科目有战术、地形、兵器等，术科有器械体操、刺枪、劈剑、马术等。使用的是日本陆军士官学校的教科书，各种教学器材齐全，是习文练武的最佳场所。

叶挺十分珍惜这来之不易的学习机会，他一方面仍然保持着过去学习的那股韧劲、钻劲，努力学习学校规定的各门课程；另一方面还利用业余时间，广泛阅读各种社会科学书刊，汲取政治理论营养，探求救国救民的道理。学校订有许多进步书刊，每期一到，叶挺必去借阅。其中，反映新文化运动方向的《新青年》，是叶挺最喜欢的一本杂志。陈独秀、李大钊、鲁迅等知名大家在杂志上发表的每一篇文章，他都认真阅读、思考。李大钊在《新青年》二卷一号发表的《青春》、陈独秀在《新青年》二卷六号发表的《文学革命论》、李大钊在《新青年》五卷五号发表的《庶民的胜利》等文章，深深地吸引和影响着这位热血青年。他经常联系当时的社会实际，对照书中的观点，进行深入的思考。在一个宁静的夜晚，叶挺经过深思熟虑，给《新青年》编辑部写了一封 2000 多字的长信，一方面表达对杂志的仰慕之情，另一方面也谈了自己对当前世道的看法，对有些问题提出商榷意见。

他在信的开头赞扬《新青年》是指点广大青年迷津的“空谷足音”“明灯黑室”，他本人更是“遥聆若渴”，从中受到许多教益，使他的思想活跃、进步。

信中，叶挺深刻揭露了当时社会道德沦丧的种种丑恶现象，并提出了解决这些问题的方法——只有启发人的自觉。他自信地断言：“仆敢信独步单方，惟‘觉悟’二字。除此二字，别无良药。”为了证明这一论断的正确，他列举了陈白沙、王阳明、孟子、孔子等学者名人的言论精华，说明只要有了觉悟，便不可溺人欲之中，不累于外物，从而得以向圣贤之路迈进。

叶挺还联系宇宙观、人生观以至社会问题进一步阐释“觉悟”之真谛，推理出“圣人所谓无所为而为之是也，即仆所谓觉悟真谛之义是也”。他还就人类起源和产生谈了自己的观点。他不信上帝创造宇宙和人类的观点，认为“宇宙诚一不可思议之物哉”。叶挺当时对人生观的认识是“世界幻场耳，人生虚梦耳”。对衰弱的国家如何拯救，叶挺大声疾呼：“欲振污世，起衰溺”，“惟以阳明先生致良知三字为正”。

《新青年》杂志主编陈独秀接到这封信以后，深深地被这位读者的见地打动，对信中反映的内容非常重视。为进一步引导青年共同探讨救国救民之策，特意将来信全文发表在 1917 年 2 月出版的《新青年》二卷六号上，并加了编后语：

“尊意以觉悟为道德之基，阳明之旨也。此说仆不非之。足下颇疑宇宙之谜，非科学所能解释。是犹囿于今日科学之境界，未达将来科学之进化，必万亿倍于今日耳。足下对于宇宙人生之疑，不欲依耶佛以解，不欲依哲学说以解，不欲以怀疑故，遂放弃现世之价值责任。而力求觉悟于自身，是正确思想也，是邻于科学者也，足下其无疑于吾言乎……”

这个编者按，既对叶挺勇于求索的精神表示了赞赏，又诚恳地指出叶挺对于宇宙观问题的不成熟看法的原因，帮助他瞄正航向，继续向理论的新高峰进军。

1918 年年底，正当叶挺在保定陆军军官学校紧张学习、训练、迎接考核之际，家里传来父亲去世的噩耗。想到父亲一生操劳，自己未报养育之恩，叶挺的心里十分悲痛。但考虑到现在正是学习、考核的关键时刻，他只能强忍悲痛，给母亲写了一封信，一是劝慰母亲节哀；二是向母亲解释不能请假回家奔丧的原因，请求母亲的原谅。

父亲是家里的顶梁柱，父亲的离世，对母亲的精神打击很大，她几乎到了崩溃的边缘。她经常以泪洗面，加上身体本来就虚弱，为父亲办完丧事后，心力更加交瘁，不久就病倒了。叶挺收到母亲病重的消息，再也按捺不住悲痛的心情，反复向学校提出回家尽孝的申请，学校也体谅他的情况，准了他的假。由于母亲病得很重，叶挺悉心照料一个多月之后，母亲还是离开了这个世界。

不到一年时间，父母双双离世，这对叶挺是个不小的打击。巨大的精神压力和内外交困的家境，使他再也无法继续安心学习。他结束了保定陆军军官学校的学习生活后，原本计划去德国继续留学深造，因凑不到路费，这个计划只好无奈地放弃，回到家乡务农。

02 投身大革命

初战惠州城

经过多年军校生活的历练，此时的叶挺不仅成长为一名英俊的健壮青年，他的一言一行，举手投足，也完全显示出一名标准军人的气质。村里的乡亲们对叶挺更是刮目相看，经常聚拢在一起，听他讲述外面的精彩故事。他从惠州说到保定，从珠江讲到长江，既赞美河山秀美，又纵论国家兴亡……

艰苦的农村生活，并没有消磨叶挺的意志，他依然保持着学生时期的生活规律：每天很早起床，练习军事技能，强健体魄。不管多忙，他总要挤出一点时间读书，关心国内外发生的大事。回家两个月后的一天，叶挺从军校同学那里得知孙中山领导的国民革命军（粤军）正在福建漳州整训，准备打回广东，驱逐桂系军阀莫荣新。这让叶挺兴奋不已，他早就向往跟随孙中山先生干革命，现在终于有机会了。于是，告别家里的兄弟姐妹，叶挺毅然决然去参加粤军。

1920 年 8 月 22 日，孙中山发表《声讨莫荣新电》，命令粤军誓师回粤，讨伐桂系军阀莫荣新。讨桂粤军兵分左、中、右三路，叶挺被编在左路军任支队副官，由参谋长邓铿担任左路军总指挥。按指挥部命令，叶挺所在的支队，配合蒋介石支队攻打惠州城。

惠州城的守敌凭借东江构筑起坚固的工事。战斗打响后，蒋介石命令连长张国栋组成敢死队，冲上浮桥，向前挺进。敌军使用密集火力封锁桥面，一批又一批的敢死队员中弹倒地，伤亡惨重，前进受阻。

支队长蒋介石见久攻不下，就派支队参谋前来督战。参谋转达命令说道："支队长命令，15 点以前必须攻下东江，否则按军法惩治！"

张连长望着剩下不到一半的士兵，痛心地说：“我张国栋已不准备活着去见他了，不过，剩下的这些兄弟不能跟我一块去白白送死。请你告诉支队长，我去执行命令！”他大声喊道：“弟兄们，据守桥头！”说完，提枪转身向浮桥冲去。

一群士兵急忙拦住了张连长。

“且慢！”这时，从其他战场赶到的叶挺，也上前拦住张连长，然后他转身对督战参谋说：“眼下敌人火力正猛，盲目冲锋只能白白送死，不能蛮干。”

督战参谋说：“蒋支队长的脾气你是知道的，完不成任务，只有提头去见。不然我没法交差！”

叶挺摆摆手说：“没事，我跟你一起去见蒋支队长！”

支队临时指挥所设在一个山坡上，蒋介石听说张连长最后不愿组织部队发起冲锋，便怒气冲冲地指着张国栋说：“贪生怕死，拉出去枪毙！”

站在旁边的叶挺连忙上前报告道：“张连长违抗军令，理应严惩，但他3次发动冲锋，打得十分艰苦，也非常英勇，他不是贪生怕死！”

蒋介石望着叶挺：“你是……”

“奉总司令命令，叶挺率1营先遣队前来报到，听候支队长指挥！”

蒋介石冷冷地望着叶挺：“你为什么替他求情？”

叶挺回答说：“张连长的勇敢我亲眼所见，只要我们革命军都有这股勇敢的劲头，我认为拿下惠州并不难！”

蒋介石认真地望着叶挺：“讲下去！”

叶挺继续说道：“放弃白日强攻，改为夜间偷袭！”

蒋介石问：“何时能攻下惠州？”

“夜晚过江，甩下守敌不管，连夜攻打惠州空城，如探囊取物。”叶挺信心十足地回答。

“军中无戏言。”

“愿立军令状！”

“好，主攻任务就交给你，天亮前拿下惠州城，有什么要求？”蒋介石急切地问道。

“请把张连长的连全交给我，希望支队长能给他们一个戴罪立功的机会！”

“为什么？”蒋介石不解地问。

“我保证让他认识到自己的错误，挽回不良影响，这样，全军上下会进一步认识到支队长治军严厉，又对部下宽容。”

蒋介石没想到叶挺想得如此周全，心里一动，赞许地点了点头。

当晚，叶挺把攻城的方案和张连长作了研究，决定把他的部队和自己的先遣队全部集合起来，将会游泳的士兵编成两队，分左右两路悄悄地游过东江，从惠州两侧攻入城内。作完战前部署后，叶挺要求战士们前半夜好好睡觉保存体力，随时待命。

深夜 3 点，部队开始出击。叶挺带领一部分人马从浮桥右侧，张连长带领一部分人马从浮桥左侧，在夜色的掩护下悄悄向惠州城游去。凌晨 4 点，战士们不声不响地上了岸，摸到城内守军驻地。

此时，惠州城内的敌人多数还在睡梦中，哪想到革命军会从天而降。战斗打响后，敌人惊慌失措地一面放枪，一面溃逃。蒋介石看到叶挺从惠州城内发出的信号弹，迅速组织后续部队抢渡东江，向城内发起总攻。当攻到街中心一座居民小楼时，敌军凭险据守，密集的子弹从窗口倾泻而下，冲在前面的一批革命军倒在了血泊中。

张连长高喊："我们是革命军，缴枪不杀……"

话音刚落，一排子弹向他打来。张连长提枪欲冲，被叶挺一把拉住。

"你就给我一次机会吧，我不信他们能撑多久！"张连长固执地说道。

"不可莽撞！"叶挺接着说道，"你带机枪手，从正面攻击，其他人跟我进小巷！"

"是！"张连长带着机枪手选好位置，向小楼里的敌人开始猛烈射击。叶挺带着其他人钻进小巷。他来到小楼背后，发现一棵椿树紧贴小楼的二楼窗口。

叶挺指着那个窗户，吩咐几个战士准备好手榴弹，一起投向窗内。"轰、轰、轰"接连几声巨响，火光从窗口喷涌而出，小楼立刻安静下来。张连长率战士从正面冲进了小楼，只见地面横七竖八地躺着敌人的尸体，银圆和纸币满地都是。一个士兵抓了一把银圆，这个动作点醒了在场的人，大家你一把我一把，都争相捡了起来，脸上带着惊喜的表情。

叶挺进屋时看到这种场景，大声命令道："全部放下！"

士兵们惊愕地站在原地，纷纷丢下手里的东西。

叶挺命令："赶紧搜索敌人！"

战士们立即行动，从拐角处又搜出几个俘虏。

叶挺站在银圆和纸币前对张连长说："命令部队集合！"

叶挺威严地训话："我们是革命军，不是封建军阀，革命军要做到不怕死、不扰民、不爱财，我们要以先烈为榜样，不义之财，分文不取！"

几位士兵悄悄地将装进口袋里的银圆扔在脚下。叶挺走过来，轻轻拍了拍战士们的肩，动情地说道："我谢谢大家，为革命军做了好榜样！"

天亮了，革命军占领了惠州城。一轮红日从东方升起，市民们纷纷走上街道，欢迎革命军。

有的商铺老板，站在门前，手捧银圆高声喊道："长官，这是我的家，这是送给各位老总的茶钱，请笑纳！"

叶挺带着部队当街而过时，双手作揖：“谢谢你们的好意，快收起来吧，我们革命军不收百姓的钱！”

市民们挥舞着彩旗，欢送着这支英勇善战、不爱财的革命军。

保卫孙中山

1921 年 4 月，国会非常会议选举孙中山为非常大总统。总统府设于广州市观音山南麓。孙中山准备以广东为根据地，出师北伐，结束军阀割据混战的局面，完成祖国统一大业。他下令整编粤军，任命陈炯明为广东省省长兼粤军总司令，组建粤军第 1 师。

为保卫大总统的安全，粤军参谋长邓铿从第 1 师严格挑选了薛岳、叶挺、张发奎分别任 3 个营的营长，组成总统府大本营警卫团，粤军第 1 师原参谋长陈可钰担任警卫团团长。

陈炯明在辛亥革命后，积极拥护孙中山，但在把持了广东军政大权后，野心极度膨胀，渐渐不听指挥，最终背叛革命，和孙中山彻底决裂。

1922年6月15日下午，第2营营长叶挺带领部队正在做移防的准备，发现陈炯明所属的叶举、洪兆麟部队在白云山一带调动频繁、到处布岗，这些异常现象引起叶挺的高度警觉。他及时把这一情况向上级作了汇报。孙中山先生认为陈炯明目前还不会叛变革命，让叶挺不必过分紧张。叶挺认为，作为警卫部队，必须要从最坏处着想，做好万全准备。他率领战士在总统府大门两侧，用土袋筑起简要工事，还增派了双岗，密切注视着外面的动静。

这天夜晚，叶挺接到排长李洁之的报告，说是叶举要造反，马上就要攻打总统府了。他还带来了他的好朋友、正在叶举部队当兵的何云生，何云生是偷着跑出来通知李洁之的，原定时间为明日凌晨，现在提前为午夜零点了。何云生还拿出一条蓝白相间的布带，说这就是夜间行动的识别带，是刚发下来的。

事态变得异常紧迫严峻，当时保卫总统府的

部队，只有叶挺的第 2 营 4 个连守卫着总统府的前院，还有薛岳的第 1 营 2 个连守卫着后院，加上大总统府的卫队，一共只有八九百人。而陈炯明在市内可调动的兵力达 2 万之多，兵力悬殊无法抗衡，唯一的办法是必须尽快让孙中山先生和夫人离开总统府。

叶挺一边进行军事部署，一边紧急告诉孙中山的秘书黎晓白，让他报告孙中山先生迅速撤离。此时，孙中山先生仍不相信陈炯明会叛变，坚持说："陈炯明不会无情到这种地步吧，即使他胆敢作乱，我孙中山也要亲自平定，如力不足，唯有一死，以谢我四万万同胞，岂能一走了之？"后经黎晓白的反复劝说，孙先生才勉强答应撤离。当他看到已有几个月身孕的夫人宋庆龄时，又十分担忧她的安全，要让宋庆龄先撤。而孙夫人坚持请求孙中山先生先撤，自己留下来迷惑敌人和吸引敌人的注意力。她说道："中国可以没有我，但不可以没有先生。"

就在这时，外面枪声大作，叛军向总统府扑来。团长陈可钰对叶挺喊道："2 营长，你快去保护总统，这里有我在，他们谁也别想进来！"

叶挺快步向大楼奔去。走进孙中山先生办公室时，孙中山仍坐在桌前，除了卫兵之外，孙夫人也坐在孙中山先生旁边。

孙夫人一见叶挺，急忙问道："情况怎么样？"

叶挺回答："情况很危险，先生和夫人必须立即转移，一刻也不能耽误！"

孙中山站了起来说："陈炯明的罪恶是无法饶恕的，行动吧，你们是怎么安排的？"

叶挺回答道："我护送您走边门，从门后出去，由丘连长护送您至珠江边，晓白在那里等着送您上永丰舰。"

孙中山握着叶挺的手："好，就这样办。"

随后，孙中山化装成一名穿白褂的医生，在叶挺的护送下，出了边门，与丘连长一起坐上了一辆人力车。一群警卫士兵都化装成人力车夫，紧跟在后面。

孙中山先生一行刚撤离总统府不久，叶举就带着叛军包围了总统府。叶挺带人先后打退了叛军五六次进攻，这时，一个卫兵前来报告，粤秀楼告急，子弹快打光了，孙夫人还在楼上。叶挺立即命令排长李洁之带一个排过去支援，无论如何要保证孙夫人的安全。

李洁之和战士们扛着子弹箱朝粤秀楼冲去，这时一伙叛军从总统府后门冲了进来，叶挺立即命令战士射击，对方倒下一片。这时，对方突然停止进攻，叛军中走出一人，躲躲闪闪向前走了几步，然后趴在地上喊道："希夷，我们是同乡，我们有一个师的兵力，你只有一个营，再打下去，就是鸡蛋碰石头，只要你撤出总统府，交出孙中山，我保证你升官发财，从此飞黄腾达！"

"呸，你这个无耻的叛徒，要我投降，瞎了你的狗眼！"叶挺边骂边开枪，吓得对方连滚带爬地退了回去。

这时，几个卫士和副官掩护着孙夫人正向门外撤退，刚走出大门，就被敌方发现，叛军拼命冲了上来，一边抢劫财物，一边进行阻击，在敌众我寡、无据可守的情况下，警卫部队边打边走，副官为掩护孙夫人，当场牺牲，其他人员也被打散。叶挺见状，冲上去，让卫兵和孙夫人卧倒在地，一边向冲上来的叛军猛烈射击，一边吩咐卫士从屋里扛来一箱银圆向对方撒去。叛军士兵见了白花花的银圆，立即哄抢起来。叶挺趁这个工夫，赶紧和卫兵一起掩护着孙夫人冲出险境，越过马路后，进入斜对面的一条小巷，摆脱了危险。在叶挺和卫士们的保护下，几经周折，终于在第二天将孙夫人送上了永丰舰，与孙中山先生会合了。孙夫人虽从九死一生中逃出了虎口，但不幸的是，由于在逃亡途中受到非同寻常的颠簸和惊吓，她唯一的一个尚未降生的孩子流产了。

赴苏联学习

1923 年 1 月，孙中山领导的讨伐陈炯明的联军占领了广州。随后，孙中山也从上海返回广州，设立大元帅府，节制海陆各军，并与苏联共产党和中国共产党接触，积极寻求革命势力和国内进步势力的支持，还在共产国际和中国共产党的帮助下，着手改组中国国民党。

1924年1月，中国国民党第一次代表大会在广州召开。大会通过了由共产党人起草的以反帝反封建为主要内容的草案，确定了联俄、联共、扶助农工的三大政策。第一次国共合作极大地推动了国内革命形势的发展，使工农群众运动和国民革命运动蓬勃兴起。

轰轰烈烈的革命运动，让叶挺对和人民群众有着血肉联系的中国共产党有了新的认识。在中国共产党的身上，叶挺看到了中国的前途和希望。他逐渐感到，要领导广大人民群众起来推翻封建军阀统治，建立富强民主的国家，不依靠无产阶级是不可能完成的。只有在中国共产党的领导下，才能完成推翻帝国主义和封建军阀的任务。

这一段时间，叶挺认真阅读了介绍苏联革命的书刊，一个人民当家作主的社会主义国家似乎在向他招手，一个越来越强烈的想法在心中萌发。他找到时任元帅府大本营秘书长廖仲恺，提出了想去苏联莫斯科学习的请求，得到廖仲恺大力支持，他立即向孙中山先生作了汇报。孙中山先生也正在考虑如何向苏联学习的问题，他曾经派蒋介石等到苏联作过短暂考察，还鼓励廖仲恺学习俄语，以便向苏联学习借鉴更多经验。听到叶挺主动要去苏联学习的请求，很是高兴，并指示廖仲恺来办理叶挺赴苏的具体事宜。廖仲恺不仅帮助叶挺办齐了赴莫斯科的手续，还为他筹足了去苏联学习的费用。同时与中共取得联系，通报了叶挺去苏联学习的情况。叶挺成为第一批以国民党党员身份去苏联学习的留学生。

1924 年下半年，叶挺离开广州，从水路出发，乘船到达上海，再秘密换乘一艘前往海参崴的轮船，经过日本长崎到达海参崴，又转乘火车，前后经过 20 多天，最终到达莫斯科，随后被安排在莫斯科东方劳动者共产主义大学学习。

该校是一所共产国际和苏联协助培养东方各民族革命者的学校，学员来自中国、朝鲜、蒙古国等国，其中中国学员占多数。同叶挺学习的中国学员中，还有赵世炎、陈延年、陈乔年、王若飞、聂荣臻、任弼时、罗亦农、萧劲光等。在这里，叶挺结识了一大批共产党的优秀分子，他们身上的革命精神和优良品德深刻地感染着叶挺。他阅读了马克思、恩格斯、列宁的大量著作，学习了世界革命史、工人运动史、俄共党史、中国近代史以及辩证唯物主义、政治经济学等课程。他的马列主义理论水平得到迅速提高，世界观发生了很大的转变。

叶挺在莫斯科学习期间，生活十分艰苦。二三十人共住一个大房间，伙食也只能勉强糊口，他从来不计较这些，也从不因生活问题影响学习。相反，在与共产党员和共青团员的接触中，叶挺学到了他们身上许多优良作风和崇高品德，并由衷地敬佩他们，向他们学习。

共产国际根据中国革命的特点和任务，提出要培养一批懂得军事并能掌握革命武装的军事人才。于是决定在苏联军事学院里增设一个中国班。考虑到叶挺在军事上的特殊才能，党组织决定派叶挺与聂荣臻、王一飞、熊雄等人一起，从东方大学转到苏联军事学院中国班学习军事。叶挺和聂荣臻被编在一个班里，聂荣臻还担任中国班旅莫斯科党支部书记。军事学院中国班实际上是一个专门为中国培养高级军事人才的训练班，它对外保密，实际已经纳入红军管理系统。学员穿着苏联红军军装，按照苏联红军的共同科目进行严格的军事训练。学员统一住室外帐篷，夜间还要站岗值班。学校实行全封闭的管理，不准请假外出，组织纪律非常严格。叶挺长期在军校中磨炼，具有扎实的军事理论基础和实战经验，加上他学习刻苦，成绩优异，很受教官的赏识和钦佩。经过一段时间的学习，叶挺慎重地向党支部书记聂荣臻提出加入党组织的要求。中共旅莫支部对此十分重视，决定先吸收叶挺加入共青团，经过进一步考察后，再视其表现适时发展其为中共党员。

1924 年 12 月 1 日，中共莫斯科支部召开了由 70 余人参加的支部党员大会，正式讨论叶挺入党问题。会上，执行委员罗亦农首先介绍了叶挺的基本情况，认为叶挺的革命立场和无产阶级世界观已经基本确定，然后指定叶挺的入党介绍人是王若飞和王一飞。王若飞详细介绍了叶挺的历史和一贯表现，执行委员陈乔年也介绍了叶挺在莫斯科的表现，认为叶挺同志已具备了入党条件。最后大会表决时，全体党员通过。

叶挺加入中国共产党的愿望终于实现了。那

天他难以掩饰心中的喜悦，由衷感谢同志们对他的信任，他向党组织表示，一定要按照共产党员的标准严格要求自己，把自己的一生交给党，为党的事业随时准备献出自己的一切。

任独立团团长

1925 年 3 月 12 日，孙中山先生溘然长逝，国内风云突变，形势尖锐而又复杂。中共中央向共产国际提出请求，让叶挺等在苏联学习的中国班学员返回国内投入革命运动。

1925 年 8 月初，叶挺、聂荣臻、熊雄等 26 人，由莫斯科坐火车穿越西伯利亚，然后由海参崴经日本长崎坐船回到上海。在归国的途中，获悉廖仲恺遇刺身亡的噩耗，叶挺心情非常沉痛。廖仲恺是叶挺的同乡，又是长辈，对叶挺的帮助很大，曾得到过他的许多教诲。他精明、干练，为人正直仗义，对革命事业忠贞不贰，这些都对叶挺的影响很大，他一直被叶挺视为学习的榜样。廖仲恺的不幸身亡，使叶挺更加感到革命形势的险恶，道路的艰难和曲折。

9 月下旬，叶挺和这批留苏同学回到上海后，接待他们的是先期回国的王若飞。王若飞是叶挺的入党介绍人，两人相见格外亲切。王若飞说："你们回国，党中央非常重视，中共中央总书记陈独秀还要专门接见你们。"叶挺想起青少年时期，曾给《新青年》杂志写信的情景，那时还得到过陈独秀的回信鼓励，现在就要见到他心中敬仰的偶像了，这让叶挺特别兴奋。见面的时候，看到陈独秀俨然一副学者形象，话不多，眼睛细长而又明亮，这样一个温文尔雅的人，是怎么写出如闪电一样涤荡黑暗、犀利而雄辩的文字的呢？

陈独秀详细介绍了当前国内革命形势和党的任务。他对大家说："你们要参加的这个革命，其性质是资产阶级民主革命。你们参加了这个革命，使革命获得成功，就是好事。"说完又拿出一份早就拟好的分配名单：叶挺、聂荣臻、熊雄等 12 人被分配到南方，主要是加强黄埔军校的政治工作，争取到更多的革命力量。

叶挺等人又马不停蹄地来到广州，他们见到了时任中共广东区委书记陈延年和军事部部长周恩来。分配工作时，大部分同志去了黄埔军校，少数留在区委机关，只有叶挺一人分配到由粤军第 1 师扩编而成的国民革命军第 4 军，担任参谋处处长。叶挺又回到了他的老部队，让他心情更是激动不已。

叶挺与周恩来见面时，虽是他第一次见到这位闻名遐迩的共产党领导人，但有种一见如故的感觉。周恩来精神抖擞，言行机敏，热情沉稳，他对很多东西都有兴趣，都想问一问，其惊人的求知欲、和蔼的态度、平易的作风，让叶挺深深折服。

来到第 4 军，叶挺见到了很多老同事、老同学，如邓演达、张发奎、顾祝同等，以及攻打惠州时的老上级与众多部下。与大家的交流中得知，变化最大的是蒋介石，如今已是黄埔军校校长兼粤军参谋长。而且是 8 名军事委员会委员之一，同时还担任第 1 军军长、广州警备司令等好几个要职。几年间，当年的支队长现在已成了一位地位显赫的风云人物。

一天上午，上级通知叶挺，蒋介石要在客厅见他。

见面之后，蒋介石开门见山地问道："听说你参加了共产党？"

"是的！"叶挺直言不讳地回答。

"你原来是国民党员，中山先生的信徒，现在还信仰三民主义吗？"

"当然！"

"那你为什么要参加共产党呢？"

"国共合作利于革命，周恩来原先是共产党员，不是也参加了国民党吗？"

"他是为了到国民党里工作。"

"我是为了在苏联红军学校更好地学习军事。"

这个回答显然不会让蒋介石满意。叶挺哪里又能知道，蒋介石的内心正在酝酿一场反共风暴。之后，蒋介石又问叶挺："你读过四书没有？"

"读过。"叶挺肯定地回答。

"何为中庸之道？"

"不偏之为中，不易之为庸。"

"还有呢？"蒋介石接着问。

“中庸者，为官处事之大道也！”

“嗯，还有呢？”蒋介石不停地追问道。

“具体到国共两党，和为上，就是都不要做亲者痛仇者快的事情。”

这次谈话注定不会愉快。听了叶挺的话，蒋介石的脸上生出几分怒气，他站起身来，故作深沉地走到窗前，好半晌才说：“很快就要发起第二次东征，你已经是第4军的参谋处处长，望在前线多作努力，彻底打垮陈炯明！”

这次会见，叶挺从心里感到不舒服，也隐约感到他与蒋介石不再是革命的同路人。

叶挺到任第4军后不久，广东国民政府军便开始了讨伐陈炯明残部的第二次东征。1925年10月中旬，第4军攻打惠州的任务结束后，立即执行第二期作战计划，经平山向海陆丰方向挺进，并于10月20日攻克紫金。这时，青年军官曹渊赶来通知叶挺，说周恩来请他有要事相商。叶挺立即前往周恩来处，在场的除了曹渊以外，还有周士第等10多个人，都是第4军的共产党员。

周恩来开门见山地说道：“中山先生逝世后，

国共两党共同经营的军队，现已把持在蒋介石手里了，他虽然在公开的场合大讲联俄、联共、扶助农工的三大政策，背地里却又在暗暗把共产党员清除出部队。今后形势的变化将是严峻的，疾风骤雨的时刻随时会来临。因此，党组织讨论决定，建立一支自己的军队——独立团，隶属第4军。”

“自己的军队？兵员从哪里来？”叶挺惊喜地问道。

“以周士第的铁甲车队为基础，再从其他部队调出一些骨干来。”

接着，周士第介绍了铁甲车队的历史和可以集中的人员。叶挺听后，才知道一切准备工作已经做好，现在可以采取实际行动了。

周恩来郑重地宣布：“组织决定，任命叶挺同志为独立团团长。”

“我能担这样的重任吗？”叶挺有些担心地问。

周恩来说：“你是军校出身，两次东征、虎门破敌、保卫总统府，已经展示了你的军事指挥才能，组织上已经这样决定了。”

叶挺坚定地说：“好，我决不辜负组织期望！”

獨立團成立大

叶挺立即赶到肇庆，他结合自己从军以来的实践和在苏联学到的军事理论，拿出了具体的改建方案，并多次与周恩来等人共同研究，确定了这支武装的宗旨、任务、人员配备和组织建设等重大问题，尤其在加强中国共产党对这支队伍的绝对领导方面，进行了精心部署。

1925 年 11 月 21 日，以共产党员、共青团员为骨干的国民革命军第 4 军独立团在广东肇庆正式成立，周士第任参谋长，团部设在肇庆阅江楼，下设 3 个营及 2 个直属队，全团约 2000 人。叶挺向改编后的独立团官兵传达了中共广东区委的各项指示，提出要在短时间内把部队建成一支特别能战斗的部队目标，他还经常和兼任党支部干事的营以上干部，深入各部驻地听取官兵意见，并把这些意见运用到独立团的建设中去。1925 年年底，在叶挺的组织和领导下，经过两个月的紧张组建，全团军政训练等各项工作都走上了正轨，至此，中国共产党设计和领导的革命新军的雏形开始显现。

03 铁军威名扬天下

北伐当先锋

1926 年 1 月 1 日至 19 日，中国国民党在广州召开第二次全国代表大会，大会进一步明确了联俄、联共、扶助农工的三大政策。为讨伐北洋政府的反动统治，结束军阀割据的局面，实现国家统一之目的，广东革命政府成立国民革命军准备北伐。

在北伐大军未正式出发之前，决定组织一支精干的先遣队提前出发，国民党很多部队不愿做前锋，中国共产党主动要求国民政府批准叶挺独立团作为北伐先遣队。

1926年5月1日，叶挺率独立团从肇庆出发，来到广州，向广东区委军事部部长周恩来汇报了人员训练和武器配备情况，并请周恩来给指挥员作一次战前动员，周恩来欣然答应，并于第二天为独立团连以上干部作了热情的讲话。他说："独立团是北伐的先锋，任务是光荣的，也是艰巨的，党把重担子放在你们肩上了，民众也把希望寄托在你们身上。"接着分析了国内的形势，指出了取得北伐胜利的有利条件，认为在共产党领导下的湖南、湖北工农革命群众运动的蓬勃发展，是北伐的雄厚基础和有力保障。他向独立团提了六项要求：

一是加强党的领导，加强政治工作；

二是注意发动群众，组织群众；

三是搞好统一战线工作，与友军友好相处；

四是作战要勇敢，要有牺牲精神，要能吃苦耐劳；

五是要起先锋作用，模范作用，骨干作用；

六是要打胜仗。

最后，周恩来用"饮马长江，会师武汉"来鼓励大家。

叶挺对周恩来的指示，逐字逐句地牢记心上，并带头表态："我叶挺坚决贯彻执行党的指示，决不辜负党的殷切希望。”

部队随即从广州出发，向湖南进军。在湖南郴州汝城与粤军残部谢文炳打了第一仗，毙敌200多人，缴获一批枪支，取得了第一场胜利。

汝城之战只是一个序幕。这时叶挺接到湖南省临时省政府主席唐生智求援电报：“敌军企图进犯仁安，我军兵力单薄，望速增援！”

此时，北洋军阀吴佩孚派系的赣军唐福山、粤军谢文炳残部共约4个团已逼近仁安，企图砍断唐生智与广东方面国民革命的联系。唐生智部39团已成惊弓之鸟，准备撤离仁安。虽敌众我寡，但叶挺却充满信心，命令部队休息一夜，明日开赴前线。

6月3日上午，部队正准备出发。唐生智派他的参谋詹筠松前来慰问，39团张团长也劝部队再多休息一天。战场形势瞬息万变，叶挺果断决定：按原计划第2营赴渌田、第3营赴龙家湾和黄茅铺，团部各直属分队暂留仁安。

下午，叶挺接到开赴前线的第2营、第3营来报，第2营说：“敌2000余人，向渌田进攻甚猛，全营已全部投入战斗。”第 3 营说：“全营到龙家湾后即派第 8 连前往黄茅铺。第 8 连到达时，千余敌人来犯，职率第 7 连、第 9 连赴援矣。”

叶挺看完战报，感到情况比预想的严峻。敌军已动用 3000 兵力，显然发起了总攻，我军的 2 个营只有 600 余人，如何战胜这 3000 敌军？叶挺命令其余部队迅速前往支援。他将现有部队一分为二，由参谋长周士第率第 1 营第 3 连和侦察队、担架队开往渌田支援第 2 营，自己则亲率第 1 营第 1 连、第 2 连和机关枪连、特务连、通讯连前往黄茅铺支援第 3 营。

风疾雨骤，遍地泥泞。行军途中又接到战报：友军在敌人进攻面前全线溃散。独立团第 2 营、第 3 营刚进入阵地，就遭到敌人的两面夹击。

叶挺命令部队加速前进。傍晚，叶挺赶到黄茅铺第 3 营阵地时，第 8 连抗击敌人的 3 位排长全部负伤，战士伤亡数十人，叶挺立即指挥部队向敌发起猛烈的反击，战士们看到团长亲自指挥，更加英勇顽强，一鼓作气将敌人击退。渌田方向，周士第率领部队与第 2 营一起苦战数小时，击退了敌人的进攻。

此时已是深夜，敌人也不敢再来冒犯。叶挺认为，要想以少胜多，必须速战速决，不宜拖延。他命令部队在夜雨中稍作休息，准备翌日拂晓，独立团全线出击。

凌晨4时左右，战斗打响，渌田方向，第2营正面进攻，周士第包抄侧后；黄茅铺方向，第3营正面进攻，叶挺、曹渊包抄侧后。一时间，枪声震天，杀声如雷。经过3个小时激战，敌军纷纷向北溃逃。独立团穷追不舍，天色大亮，雨过天晴，沿途农会纷纷送水送饭，慰问独立团，更加鼓舞了士气。

追至攸县长岭，天色已近黄昏。城内守军与溃败之敌互相开火，独立团抓住战机，趁黄昏冲入敌阵，敌军仓皇逃窜。5日，独立团一举收复攸县，仁安、攸县战斗取得了全面的胜利。

在当地农民武装的配合下，经两昼夜苦战，叶挺以一个团的兵力，击败赣军、粤军4个团的围攻，打出了独立团的威风，树立了北伐胜利之先声，稳定了湘南战局。

独立团攻下攸县后又下萍乡，已在湘南作战月余，可广州方面的北伐誓师大会仍没举行，第4军还没有全部入湘。因此，叶挺独立团只好就地休整，等待命令。6月中旬，第4军陈铭枢的第10师和张发奎的第12师才由广州出发，数日后到达攸县，与叶挺独立团会师。

7月10日，攻打醴陵的战役打响。叶挺独立团在拂晓前得到当地农民向导的协助，组织部分官兵在拂晓前赶到泗汾桥，悄无声息地干掉岗哨，隐蔽接近泗汾桥后，突然发起攻击，占领了泗汾桥北岸，然后从泗汾桥左侧渡过渌水北岸，从腹部侧击敌人。主力部队由叶挺亲自率领，沿攸县大路正面向醴陵进军，部队在泗汾桥与敌军谢文炳部2000余人遭遇，双方展开拉锯战，反复争夺，从清晨打到中午，双方均有伤亡。

由于敌人在醴陵西南的泗汾桥修筑的防御工事特别坚固，驻扎重兵把守，与醴陵成犄角之势，有人建议停止进攻，等待援军。此时一营营长曹渊果断命令部队发扬大无畏的革命精神，准备和敌人作最后的肉搏战。狭路相逢勇者胜。战士们群情激昂，像猛虎下山一样向敌军薄弱环节发起强攻，敌军死伤无数，剩下的见势不妙，四处逃窜。叶挺抓住战机，命令部队乘胜追击，一举占领泗汾桥。

攻下泗汾桥后，部队又向醴陵发起进攻，由于渌水之隔，加上水流湍急，正面进攻十分困难，几次强攻均没成功。正当叶挺焦急之际，当地农民协会派人来说，可以从渌水上游的浅滩过去，从醴陵西边背后打击敌人。叶挺一听，大喜。立即重新制订作战方案，让那个年轻的农民当向导，独立团从右翼上游浅水滩跨过渌水，向醴陵城进发。叶挺登上高地观察，发现醴陵城内敌人已经乱了方寸，正在四处抢劫，准备逃路，他当即决定，不等主力到位，立即发起强攻，便命令第 2 营和卫生队向城内发起进攻，经过一阵搏杀，敌人终于抵挡不住，弃城而逃。

叶挺独立团独自攻陷醴陵城一个多小时后，原担任主攻的张发奎师才姗姗来迟。醴陵之战，叶挺独立团的威名在革命军中更加响亮。

两场恶仗添威名

独立团接连打了几次胜仗，但部队伤亡很大，先后有多位营连排干部英勇牺牲。部队进入醴陵后，从当地补充了不少新战士，但基层带兵干部严重缺失，叶挺正为此着急。有一天，从广州来了 30 多位精神饱满、虎虎有生气的年轻人，他们找到叶挺独立团，还带来了中共广东省委军委的信。原来，这是省委派到叶挺独立团来工作的营连排干部，叶挺心里很感激，当部队遇到困难时，党及时送来了指示，还派来了干部。叶挺把他们充实到各营连，还根据广东省委的指示，以侦察队、监视队、担架队为基础，成立了一个特别大队。经过一段时间的休整，部队的战斗力得到了恢复和提高，全团士气高昂。随后，叶挺率部随北伐军挥师北上，不久占领浏阳、长沙等重要城市。8 月 19 日，叶挺独立团和第 35 团等兄弟部队又一举攻下吴佩孚军的一个重要支撑点平江，22日又占领通城，部队继续向汀泗桥方向挺进。

汀泗桥是咸宁县的南大门，也是通往武汉的必经要隘。镇东面有一片陡峭和起伏连绵的山岗，敌军的阵地就布置在这片山岗上，桥西北端是一片难以通过的湖沼。自古以来就是“一夫当关，万夫莫开”的天险。时逢连续暴雨，湖水猛涨，南西北三面大水茫茫，为敌阵地形成了一道天然的屏障。而通往敌阵地的只有粤汉铁路上的这座汀泗桥。

吴佩孚与北伐革命军交手以来，接连吃了几次败仗。为阻止北伐军向北挺进，他在汀泗桥一带集中2万多兵力据险死守，要与国民革命军决一死战，妄图利用险要地形消灭革命军，扭转败局。

国民革命军以第10师为右翼，自古塘角至张兴国一线向敌进攻；以第12师为左翼，自张兴国至铁路一线向敌进行攻击。叶挺独立团为总预备队。8月26日，攻打汀泗桥的战斗正式打响，第12师第35团沿铁路两侧向汀泗桥正面进攻，第36团和第10师从右翼包围攻击。上午10时许，第35团把敌警戒部队赶回到汀泗桥北。过了桥的

敌人立即集中火力把桥封锁起来，双方隔河对峙。到了下午，敌军用强大的炮火掩护，派1000多人马出击，第35团抵挡不住，往后退却，敌人乘胜追击，第4军军部受到严重威胁。担任预备队的叶挺独立团急忙出击，与敌激战几小时，才把敌人打了回去。

当夜，宿营地一片寂静，叶挺在团指挥所走来走去，他的心情有点烦躁。第35团打了大半天，不但没有丝毫进展，还差点被敌人袭击了大本营，照这样下去，什么时间才能攻下汀泗桥？吴佩孚的增援部队不日可到，孙传芳也正调兵进入江西，如果敌人的援军一到，北伐军将陷入被动，战斗只能速战速决。

叶挺叫来营长曹渊，他们一起走出团指挥所，来到附近村庄向村民了解情况。从一位老乡那里打听到，有一条荆棘丛生的砍柴人走过的山路，可以通到敌人阵地背后的古塘角，一般人都不知道，敌人压根儿也不会注意到。

叶挺听到这一消息，很是高兴，他立即把这一情况报告给陈可钰副军长。陈副军长认为，可以利用这条险峻山路给敌人出其不意的打击。

这个任务理所当然地又落在叶挺的独立团身上。当夜四更，叶挺带领独立团，在向导的引领下出发了，他们沿着小路排成单行纵队，借着夜色，翻高山、越陡坡，悄悄地来到古塘角一带，这时天还没亮，汀泗桥北的敌人还在睡大觉。叶挺等各营选好攻击位置后，他一声命令“打！”全团以猛烈的火力向守敌营地发动攻击。守敌被这突如其来的打击，弄得摸不着头脑，不知道对手是从哪里冒出来的，一时措手不及，乱作一团。这时，第 10 师各团与第 12 师第 30 团也同时向敌人展开进攻。在强大的攻势面前，汀泗桥守军见大势已去，逃跑的逃跑，投降的投降。8 月 27 日，北伐军占领汀泗桥。本来准备坐镇武汉的吴佩孚，得知汀泗桥被攻破后，被彻底激怒了，他跳出武汉，来到贺胜桥亲临前线指挥，决心守住咸宁城。

而此时叶挺率独立团，正尾追汀泗桥的逃敌，向咸宁县城挺进。途中，他接到第 12 师师长张发奎派骑兵送来的一封打着 3 个“+”号的紧急命令，内容是因后续部队未到，追敌不要超过 15 里。叶挺独立团早已追过了15里，如果按照命令，就得停止追击。但叶挺从敌军的行踪看出，一片慌乱，如果停止追击，让敌人逃回咸宁，与吴佩孚南下的部队会合，就增加了北伐军攻打贺胜桥的困难。于是，叶挺没有受这个命令的约束，继续追击，并以迅雷不及掩耳之势，一举攻破了咸宁城。

进入咸宁敌军指挥部，桌上的电话响起，叶挺抓过话筒一听，原来是吴佩孚从贺胜桥打来的，要求咸宁守军死守待援。叶挺高兴地笑了，敌人还在迷糊呢。立即带领独立团继续挺进，直逼贺胜桥。

此时，吴佩孚率第3混成旅、陈嘉谟的第25师、刘玉春的第8师，全系精锐部队，号称天下无敌，加上原来的守军，共计10余万人。吴佩孚坐镇贺胜桥，设立了3道防线，扬言“昔以汀泗桥一战而定鄂，今以贺胜桥一战而定天下”。吴佩孚满怀信心，因为5年前，他在汀泗桥击败湘军，占领湖北。今天他幻想在贺胜桥击败革命军，然后横扫全国，从此称霸天下。

贺胜桥西有黄塘湖，东有梁子湖，当时暴雨

后水位上涨，两湖之间只有一条狭小的陆地通路。吴佩孚在这条狭小的通路上配备了60门大炮、100多挺机枪，用两万多兵力设下3道防线，构成10里范围的纵深防御地带。每个山头筑有工事，可以独立作战，各阵地之间相互策应，互相支援。

8月29日，攻打贺胜桥战役打响。革命军兵分两路，一路是第4军，一路是第7军。叶挺独立团为第4军先锋部队，首先发起进攻，叶挺以他惯常的闪电风格，猛打猛冲，一举攻破敌人的第一道防线，进入纵深地带。独立团孤军深入，立即遭到三面夹击。

第2营受到的威胁最大，营长许继慎沉着指挥，突然一颗子弹从他右膀穿过，顿时血流如注，鲜血染透了衣服。几个战士要抬他下火线，许继慎大声说道："你们不要管我，快向敌人射击！"仍坚持指挥。第1营第5连进至印斗山，遭敌炮击，死伤严重。团部兵力已全部投入，只有防御路线的机枪连可投入使用。

这时，叶挺准备向军部请求援助，但又失去

联系。怎么办？要么全军覆没，要么孤注一掷。他对团参谋长周士第说：“现在已经到了进不易、退不许、停不宜的危急关头。左边、右边和后边都没有出路，只有勇往直前，才能夺取胜利。”

“团长分析得很对！”周参谋长请求道，“希夷同志，让我上去吧！”

“好吧，你把机枪连也带去，集中第1营、第2营兵力，向敌人指挥所发起进攻！”

叶挺指着战场的方向命令道：“传我命令，猛冲、猛打、猛追！把独立团的勇气和骨气统统拿出来，坚决把敌人消灭！”

独立团的勇士们，奋不顾身地向前冲去，前面的战友倒下了，后面的战士继续向前挺进，他们英勇无畏的精神，吓得敌人惊慌失措，连滚带爬地向后败退。

敌人的防线被北伐军相继攻破后，后撤的敌人潮水般涌向贺胜桥。吴佩孚见状，在印斗山到贺胜桥的沿途布置了手持大刀的督战队，命令对一切后退者格杀勿论。他们将后退的一名旅长和一名团长的首级砍下来，悬挂在贺胜桥铁路桥头示众，想以此残酷的手段杀一儆百，此举反而激怒了后退的士兵，他们面对视死如归的独立团勇士的冲锋，转身向督战的大刀队发起了反冲锋，拼命地夺路而逃。

叶挺带领独立团趁敌人相互残杀混乱之际，冲过铁路桥，冲破敌人的第三道防线，直指吴佩孚大帅府。

吴佩孚惊慌失措地钻进装甲列车，逃往武昌。

独立团占领贺胜桥，打开了进军武昌的最后一道雄关。叶挺率领全团战士，猛追敌人，向武昌挺进。

浴血武昌城

吴佩孚败走贺胜桥，逃到武汉之后，任命他的得力将领刘玉春为武昌守城总司令，吴俊卿为副司令，陈嘉谟为武汉防御筹备总司令，又调集残兵旧部 1.6 万余人，死守武昌，妄图以此与革命军再决死战，保住武昌，挽回局面。

古城武昌，是武汉三镇之首，位于汉水、长江交汇处，与汉阳、汉口形成三足鼎立、隔江相望的天然地形。武昌城墙坚固，高两丈有余，长60余里。城外有护城河，水深2—3米。武昌城有大小城门9座，城内有蛇山居高临下俯视全城，城郊地势平坦，易守难攻，是历代兵家必争之地。

北伐军将领在余家湾车站召开会议，决定第4军第10师、第12师，第1军第2师，第7军第2师分段攻城，独立团为预备队。

1926年9月3日凌晨，第一次攻城战斗打响，兄弟部队士气高昂，但因准备不足，战士们冒着枪林弹雨攻到城下时，面对高墙，无能为力，部队遭受很大伤亡。

9月4日，国民革命军总政治部邓演达来到前线，再次开会制订攻城计划，决定每个攻城部队挑选三四百名精壮官兵，组成奋勇队，配备3丈余长的云梯、绳索等工具，备好手榴弹、爆破器材。还组织拥进队，尾随奋勇队之后，梯次发动攻击。

这次战斗，独立团负责攻打通湘门。战前，

叶挺召开会议，布置攻城任务，讨论组建奋勇队问题。第 1 营营长曹渊和负伤后仍坚持战斗的第 2 营营长许继慎为当奋勇队，争得面红耳赤。经过慎重考虑，叶挺把这个艰巨的任务交给了第 1 营，任命曹渊为奋勇队队长，第 2 营为拥进队，第 3 营和特别大队为预备队。

9 月 5 日，第二次攻城开始。战斗异常激烈，曹渊带领奋勇队 3 个连分左、中、右散开，如猛虎下山般向武昌城发起攻击。这时，城头灯火通明，奋勇队刚接近战壕，就被敌人发现，枪弹像雨点一样扫射过来，奋勇队冒着枪林弹雨，立即竖起爬城的梯子，奋不顾身向上攀爬。守城敌军抛下滚木、石头，手榴弹也倾泻而下。一批战士倒下了，另一批战士又爬上梯子。1 连长莫奇标不幸中弹负伤，他强忍剧痛，继续指挥大家战斗，后多次中弹，壮烈牺牲。3 连长高超带着几名奋勇队员几经拼搏，终于登上城垛，也因寡不敌众，坠落梯下，光荣牺牲。全连 6 个排长，1 人负重伤，5 人壮烈牺牲。

营长曹渊见正面向上进攻无望，决定采用由

上转下的办法。城外一个下水道可以通城内，决定钻下水道进城。没想到敌人早有防备，刚进下水道，就遭到埋伏敌人的迎头扫射，全部英勇牺牲。

曹营长眼见各种办法都用过了，全营付出惨烈代价，仍然无法攻进城去。此时全营只剩下 10 多人，为了完成任务，曹营长决定发起最后一次冲锋。他给叶挺写了一封信："天已拂晓，全营伤亡殆尽，现存十余人，但革命军人有进无退，我势必率我可爱同志达成竖青天白日旗于城上之任务……曹渊。"签名的最后一笔拖得很长，看样子是在签名的时候，头部中弹，鲜血滴在了信纸上……

曹渊同志牺牲了！担任攻城奋勇队的第 1 营全体战士，也壮烈牺牲了！

叶挺看着曹渊带血的信，心如刀绞，他强忍着悲痛，遥望着被鲜血染红的武昌城头，对独立团的战士们说："烈士们光荣牺牲了，他们不愧为独立团的战士！他们是党的骄傲，是人民的骄傲！他们的血不能白流，血债，要用血来还！"第 1 营很快又重建起来。两次攻城未果，总指挥部决定暂停正面攻击，改为封锁围困。叶挺为部队惨重的伤亡感到痛心，也为上级一味追求正面强攻的打法感到不满。这时他提出一个思考很久的想法：能否采取挖地道的方法，一直挖到城墙里边去，从地道中破城而入。刚好城东停放着一辆缴获的铁甲车，可以当掩体使用。叶挺立即与中共湖北区委取得联系，经组织发动，来自安源的一些工人，自告奋勇前来参加援助攻城的工作，先是冒着敌人的炮火修复了在战火中毁坏的这段铁路，由一名党员司机驾驶机车，强行冲到徐家棚把那截装甲车拉了回来。然后用铜板、泥袋在铁甲车和两节货车里筑起射孔和掩体，建成了一列3节车厢的活动堡垒。

挖土开始，由于部队隐蔽得好，工人挖出的泥土处理不露痕迹，城内守军始终闹不清攻城部队的行动。待挖开地面，进入地下掘进，敌人想打也打不着了，因此，挖洞工作顺利进行，没有任何伤亡。坑道作业，由一条增加到3条，第10师、第12师，也在武胜门和宾阳门开始了同样的作业。

十多天后，敌人才得到革命军挖地道的情报，调集上千敌兵从通湘门、中和门、保安门冲出，企图破坏北伐军的地道作业。

叶挺命令机枪连向敌人扫射，并命令第2营从正面向来犯之敌进行反击，同时命令补充连从侧翼进攻增援，经过数小时激战，来犯之敌大部被歼，由于城内敌军怕我军乘胜入城，立即关闭城门，没来得及进城的敌军只好乖乖做了俘虏。

叶挺从俘虏口中得知，城内粮饷子弹严重缺乏，城内士兵一天两顿稀饭都难以保证。城内百姓的生活更是惨不忍睹。一些守城之敌企图逃跑，均被叶挺独立团和其他革命军部队俘获或消灭，剩余敌人只好龟缩在城内，不敢露头。守城总司令刘玉春眼看武昌不保，为避免受到革命军歼灭，使出缓兵之计，派人出城与革命军谈判，要求投降，提出输送20万饥民出城。第4军为减少饥民痛苦，接收了城内大量饥民，并送往汉阳安置。

刘玉春谈判是假，等待援军到来是真。他一面假谈，一面拒绝第4军提出的开城接受改编的条件，拖延投降。其手下第3师师长吴俊卿对刘玉春的做法极为不满，他派人混在群众中出城，来到独立团，与叶挺进行秘密谈判，并达成协定。

10月10日晚，该师打开所管辖的保安门、中和门和通湘门，里应外合，接应北伐军攻城。

攻城前，凌晨时分，叶挺集中部队作战前动员："弟兄们，前面就是武昌城。城头有我们弟兄流下的血，烈士们给我们树立了榜样，我们现在怎么办？"

"攻上去，杀！"

"杀，占领武昌，为牺牲的弟兄报仇！"

"冲上去，把我们的军旗插上武昌城！"

官兵们的口号此起彼伏，杀声震天。独立团一部分由中和门冲入，一部分从通湘门附近登云梯入城。然后兵分3路向敌军主阵地蛇山发起总攻。中午12时，在叶挺独立团和兄弟部队的强大攻势下，敌军蛇山阵地被攻破，两万残兵败将全部当了俘虏。守城司令刘玉春、湖北督军陈嘉谟化装成难民，混在出城人群中，也先后被捉。

叶挺独立团自成立以来，带领2000余人的精干队伍，首战仁安、攸县，接着攻克鄂南重镇汀泗桥、贺胜桥，其攻无不克的战斗力和秋毫无犯的严明纪律赢得老百姓的交口称赞，称其"真是一支铁的军队！”

进入武昌以后，“铁军”的美誉迅速传开，家喻户晓，成为对叶挺独立团的专门赞誉。

1927 年 1 月，旅居武汉的广东人士选取“铁军”二字，在汉阳兵工厂铸造一座人称“铁军牌”的铁盾，敲锣打鼓送给了第 4 军。

那盾 1 米高，半米宽。它的正面，居中刻着“铁军”两个隶书大字；上款是“国民革命第四军全体同志伟鉴”，下款是“民国十六年一月十五日武汉粤侨联谊社同人敬赠”。背面刻着颂诗一首：

烈士之血，主义之花，四军伟绩，威震迩遐。
能守纪律，能毋怠夸，能爱百姓，能救国家。
摧锋陷阵，如铁之坚，革命抱负，如铁之肩。
功用若铁，人民倚焉，愿寿如铁，垂忆万年。

举行献盾仪式时，由叶挺独立团代表第 4 军接受“铁军盾”。人们也送给叶挺一个光荣的称号：“北伐名将”。

不久，国民革命军进行改编，叶挺被任命为

第 4 军第 25 师副师长，后又升任第 11 军副军长兼第 24 师师长。

南昌起义前敌总指挥

1927 年，正当北伐战争取得了巨大胜利，工农运动风起云涌，革命形势处于高潮之时，蒋介石在上海发动了“四一二”反革命政变，使武汉的革命形势变得更趋复杂。汪精卫想以武汉国民政府的武装力量，同蒋介石争夺领导权，表面上打出了“东征讨蒋”的旗号，决定以唐生智为总司令，派何健从长江左岸，程潜、张发奎从长江右岸，向南京进兵；命令叶挺的第 11 军第 24 师和贺龙的第 20 军第 1 师、第 2 师为先锋，东征讨伐蒋介石。

叶挺接受任务后，即同贺龙一起，各率本部人马，连夜从武汉上船，顺着滔滔江水，浩浩荡荡，直奔南京。

7 月，当部队到达九江时，突然接到汪精卫命令，要求叶、贺两部原地待命。原来，汪精卫与蒋介石勾结，也在武汉叛变了革命。他秘密召开“分共”会议，与共产党彻底决裂，宁汉已走上合流之路，轰轰烈烈的大革命宣告彻底失败。为了挽救革命，中共中央召开紧急会议，决定在南昌举行武装起义。

1927年7月19日，中共中央改组后，新组成的临时中央，派聂荣臻赶往九江第24师司令部，向叶挺传达了中央临时政治局发动武装起义的决定。叶挺听后表示坚决拥护，决心在党的领导下为挽救中国革命而不惜牺牲自己的一切。同时，中共中央又派谭平山来到第20军司令部，向贺龙传达中国共产党准备组织武装暴动的打算。贺龙也表示坚决站在共产党的一边，参加南昌起义。他说："无论成功与失败，我都干。失败了，我换上草鞋，再上山拉队伍！"

正当中共临时中央积极组织南昌起义之际，汪精卫匆匆赶到庐山，同唐生智、张发奎、孙科、朱培德等人密谋，发报通知正在九江待命的叶挺、贺龙上庐山开会，想借机剥夺他们的兵权，而后再把这两支部队调开武力解决。时任第4军参谋长的叶剑英是个未公开身份的秘密共产党员，他在庐山得知这一消息后，心里十分着急，立即寻机下了庐山，飞马直奔九江。

7月25日，当叶剑英见到叶挺时，叶挺正准备上庐山赴会。于是，叶挺又找来贺龙，他们3人来到甘棠湖租了一只小船，把船划到湖中心商量对策。叶剑英一五一十地把汪精卫、张发奎等人在庐山开会密谋的情况作了详细汇报。贺龙蹲在船头边听边挥起拳头狠狠地捶着自己的大腿。叶挺一只脚站在船舱里，一只脚踏在船板上，两眼怒视前方，从牙缝里迸出了一句话："我早就知道，张发奎要走陈炯明的路，可耻！"

叶剑英用手理了一下身上的武装带，向贺龙问道："汪精卫、朱培德叫你到庐山去开会，你去不去呢？"

"我不去！"贺龙把拳头一挥，铿锵有力地说："我一百个信服共产党。党怎么说，我就怎么做。"

"对！我们不能去，我们要用革命行动去粉碎敌人的阴谋。"叶挺激动地取下头上的大檐军帽，

坚决地说道。

“是的。我们决不能去送死。”叶剑英补充说道。

入夜，甘棠湖更加寂静，小船上3个志同道合的战友议论着调动部队的计划。他们决定不理睬张发奎的命令，率领队伍到南昌，投入到滚滚的革命洪流中去！

第二天，叶挺率领第24师在前，贺龙率领第20军随后，浩浩荡荡向南昌进发。

汪精卫、张发奎等人获悉叶挺、贺龙两支军队开往南昌的消息，连忙商量对策，他们命令所部把南浔铁路的涂家埠铁路大桥炸毁，以阻挡叶、贺大军进入南昌。

当叶挺部队乘坐的列车到达涂家埠时，通往南昌的大铁桥已被张发奎部破坏，人马辎重被阻在江边无法通过。叶挺一方面立即组织人员修桥，一方面派人与当地工会组织联系，请求援助。当地的工会组织听说是“铁军”要通过，情绪十分高涨，立即组织当地工人投入修桥战斗。工人们挑灯夜战，四处抢运木材、道钉和铁轨，经过一夜的奋战，大桥终于修通。

晨曦初露，汽笛长鸣，满载着革命战士和重军备的火车，轰隆隆地开过大桥。列车上，英姿焕发、精神抖擞的革命战士，向忘我支援的工人、农民频频招手，表达谢意；铁路旁，通宵奋战的工人、农民，举起风灯，挥舞工具，欢送起义部队奔赴南昌。

此时的南昌，为国民党江西省政府主席兼第5路军总指挥朱培德把守，下辖第3、第9两个军和朱德教育团、张朝振警卫团。朱培德正好在庐山疗养，南昌的军政要务都由共产党员朱德来负责处理。

叶挺带领部队开进南昌后，指挥所就设在东湖边的心远中学。

1927年7月28日晚，周恩来来到起义总指挥部江西大旅社，这时，江西大旅社喜庆大厅灯火辉煌，群英聚会，众人共商南昌起义的大事。会议最后决定，根据中共临时中央的指示，组成了南昌起义前敌委员会，周恩来任书记，贺龙为总指挥，刘伯承为参谋长。下辖2个军，即第11军和第

20军。第11军军长叶挺兼，第20军军长贺龙兼。会议决定，将起义时间定为8月1日凌晨4时。战斗命令迅速送到各起义部队指挥员手里，各路人马立即进入作战地点。正当这时，身在九江的张国焘以共产国际的名义，要求起义推迟，遭到前委的一致反对。叶挺也明确表明自己看法，认为暴动已箭在弦上，刻不容缓。从力量对比上我们也占有优势，胜利的把握大。同时一针见血地指出，任何依靠张发奎的想法都是不切实际的，他主张按原计划进行，不要再拖延时间，以免错过进攻时机。

夜间，总指挥部又突然接到报告，第20军第1师第1团第3营副营长赵福生，将起义的消息向朱培德指挥部告了密，前委紧急研究处置，为了确保起义胜利，出其不意地消灭敌方，决定将原定8月1日凌晨4时的起义时间提前两小时举行，并商定以第20军总指挥部连发3枪作为起义信号。

8月1日凌晨2时整，3声清脆的枪声划破了南昌市沉静的夜空，起义正式打响。叶挺指挥所离贡院的敌人只有100多米，起义的枪声一响，他亲率第24师第72团的战士，向贡院的敌人发起进攻。敌人凭借精良的装备和险要地形，负隅顽抗，叶挺要求大家拿出北伐时的冲劲和狠劲，向敌人发起猛烈攻击。敌方抵挡了一会儿就支撑不住了，急忙向北逃窜，没想到迎面又遭到猛烈的射击。原来叶挺早就观察了地形，预料敌人受到袭击以后会向北窜逃，就在这里布下一支伏兵。敌人腹背受击，进退不得，只好缴械投降。

在解决贡院敌人的同时，第 71 团直捣佑民寺军械弹药库。库守军仓皇应战，在起义军凌厉的攻势下，纷纷败下阵来，第 21 团占领了弹药库。这时，龟缩在松柏巷天主教大教堂的敌人，凭借坚固的楼房，仍在负隅顽抗。

叶挺带着部队，来到松柏巷投入战斗。叶挺派出第 72 团第 3 营担任正面主攻，又派出一个连封锁后墙，其余部队在松柏巷周围埋伏。进攻开始了，敌人的防守非常严密，他们把天主教堂的大铁门关闭，在钟楼上集中轻重火力向松柏巷射击，由于巷道狭窄，没有掩体，起义军进攻受挫。面对这种情况，第 3 营营长当机立断，挑选了一批共产党员和共青团员，组成一支精锐的冲锋队，在重型火力的集中掩护下，用闪电般的速度向钟楼冲去。这时，攻击后墙的连队也翻越了围墙，从敌人后侧发起进攻。敌人受到前后夹击，乱作一团，冲锋队趁此机会，迅速砸开铁门，冲入天主堂的正院。

冲锋队进入大院后，敌人还是凭借居高临下的优势，向冲锋队不断扫射。为减少战士伤亡，起义军向敌人发起了政治攻势。一时间枪声停止，喊话声此起彼伏。

“你们的总指挥朱培德已叛变革命，你们别再为他卖命了！”

“我们是‘铁军’，缴枪不杀！”

“你们快投降吧，回到革命的队伍里！”

躲在钟楼的敌人听了，知道自己对面的进攻部队，就是赫赫有名的叶挺“铁军”，心里就发慌了。又听到前后左右密集的枪炮声，知道自己已经被团团包围，向外求援已经不可能，大部分都放弃了抵抗，只有几个顽固分子还在钟楼上向外射击。

“嗒嗒嗒”，随着起义军两挺重机枪一阵扫射，几个顽固的敌人从窗口栽了下来。其余的纷纷举手投降。

天主堂里的敌军一投降，第3营战士马上登上钟楼，掉转敌人的轻重火器，向匡庐中学猛烈扫射，埋伏在松柏巷附近的队伍也立即发动攻击，匡庐中学的敌军受到上下夹攻，也举手投降。这个时候，贺龙、刘伯承率领的起义军也在各个战场上迅速取得了胜利，大街小巷到处都是佩着红领带的战士，到处都听见“河山统一”的口令声。

经过几个小时的激烈战斗，南昌城内守敌被全部歼灭，南昌起义取得了胜利。南昌城沸腾了，到处都听见“河山统一”的口令声。起义军在总指挥部升起了一面大旗，这面大旗迎着八月一日的曙光，高高飘扬！

8月1日上午，按照中共中央前敌委员会的指示，谭平山以国民党左派中央执行委员会名义召开会议，成立中国国民党革命委员会。革命委员会决定设立参谋团，任命刘伯承为参谋长，贺龙、叶挺、周恩来、蔡廷锴为参谋，领导军事斗争。郭沫若为政治部主任，贺龙代理第二方面军总指挥，叶挺代理前敌总指挥。经过整编，国民革命军第二方面军下辖第 9 军、第 11 军、第 20 军 3 个军，叶挺兼第 11 军军长和第 24 师师长。

广州起义红军总司令

南昌起义的枪声像一声惊雷，把新老军阀震得目瞪口呆。他们又怕又恨，惊魂稍定之后，便在南京、武汉、广州聚集反革命势力，从四面八方向南昌反扑。

为了保存革命力量，前敌委员会作出决定：起义军撤出南昌，回广东重整旗鼓，然后再举行北伐。

起义军于 8 月 3 日开始从南昌出发，冒着炎热的天气，带着沉重的装备，经过 20 多天急行军，攻占了江西南面的重要城市——瑞金。在缴获敌人的文件中，知道敌军集中了 17 个团的兵力，企图在会昌一带堵击起义军。周恩来和叶挺等都主张消灭会昌的敌人，然后再向广东进军。前敌委员会经过研究，作出决定：朱德指挥第 20 军第 3 师和教导团为左路纵队，进攻大柏山的敌人；叶挺指挥第 11 军第 24 师、第 25 师为右路纵队，主攻河西一带高地；贺龙与第 20 军第 1 师、第 2 师留守瑞金。

叶挺指挥部设在会昌城西北面，离敌人不远的一座山上，因为从南昌出发，一直担任后卫的第 25 师还没有来到，单靠第 24 师和敌人作战，力量少了一半，对进攻战十分不利。而敌人利用贡水河西陡峭的高地顽抗阻击，起义军交手后，进展不大，周恩来和叶挺心里十分着急。

朱德指挥进攻的大柏山，是敌军控制会昌东北的制高点，敌人凭借高山修筑工事扼守，也是一个很难攻打的敌阵。朱德为了减轻叶挺右路纵队的压力，把敌人的主力都吸引到自己这边，敌众我寡，伤亡很大。

叶挺发现敌人的主要兵力都集中攻打朱德的左路纵队，立即命令刚刚赶到的第 25 师第 75 团，迅速攻击会昌城西北的寨栋，占领制高点；第 73 团、第 74 团分别向大柏山高地两翼进攻，将战线展开，从而大大减轻了朱德左路纵队的压力。

朱德和叶挺左右两路纵队互相配合、前呼后应，勇猛地杀向敌人阵地，经过一番激战，终于打败了会昌守敌，两路纵队在会昌城胜利会师！

起义军一边行军，一边战斗，于9月24日来到汕头。在这里，起义军决定再兵分几路，向外扩展。国民党反动派乘此机会，集中兵力攻打分散了的起义军，使起义军受到了重大的挫折。

1927年10月6日，身患疟疾的周恩来带病在流沙召开会议，总结了南昌起义的经验教训，听取新任中共广东省委书记张太雷传达了中央八七会议精神。会议还决定叶挺和周恩来继续留在广东，参加领导海陆丰地区的游击战争。

流沙会议刚结束，周恩来的病情又恶化了，体温上升到40摄氏度，身体十分虚弱。就在这个时候，敌人又向流沙发动进攻，把起义军冲散了。叶挺等掩护周恩来一路撤退，辗转奔波，最后把他隐藏在南塘区委书记的家中休养。

斗争越来越艰苦，环境越来越险恶，周恩来的病没有得到很好的治疗，实在不能再耽搁下去。

当得知起义的部队一部分已经突围到了海陆丰，与当地农民武装会合；另一部分由朱德、陈毅率领，经粤北转入赣南，开展游击战争后，叶挺决定护送周恩来到香港治疗。

10月中旬的一个傍晚，叶挺陪同周恩来，由南塘区委书记掩护，绕过州渚村，来到金厢镇海边，登上了一艘小船前往香港。

大海滔滔，心潮滚滚，临行前，叶挺摘下自己的手枪送给区委书记，勉励区委书记坚持斗争。

来到香港，叶挺安排好周恩来治病的一切事情后，便回到了澳门家中。回归家庭生活的叶挺，心情一直很沉闷，他为南昌起义先胜后挫的结果自责，每天通过报刊，时刻关注着广东工农革命运动和粤桂军阀的消息，无时无刻不在揣摩时局的发展和动向。

1927年12月初的一天，广东省委书记张太雷来到澳门叶挺家中，告知中央批准了广州起义的计划，决定12月13日举行广州起义，任命叶挺为起义总指挥和工农红军总司令，全权负责起义军的指挥重任。叶挺听到这个消息，毫不犹豫接受了任务。

12月10日，叶挺正式接到通知后，随即乘车到达广州，并连夜主持召开起义指挥部参谋团会议。在会上，叶挺详细询问起义队伍的战备情况——武器装备的数量，对进攻目标的侦察以及战斗中的相互呼应，战场救护和后勤供应，等等。叶挺边听边记，尽量在最短时间内把问题彻底搞清楚，他特别强调要搞好侦察，了解敌情。会议一直开到后半夜，当叶挺了解到，敌人兵力虽然在广州城内有些空虚，只有一个团和警卫团一个营，加上一部分军事机关和警察保安队共计5000余人，但广州城外的反动军队有十万之众，随时可以攻回广州。而起义部队仅有几千人，一旦消息泄露，敌人调回大量部队，将错过最佳时机。于是叶挺决定将起义时间提前到12月11日凌晨举行，并宣布了起义力量的部署和战斗序列。

11日凌晨2时许，起义部队齐聚在操场上，每个人身上都扎了一条红布领带，张太雷、恽代英、叶剑英等都作了战前动员，最后叶挺宣布了各团营干部的任命和作战部署。

时针指向3时整，叶挺大声宣布：“起义开始！”话音刚落，3颗耀眼的信号弹在广州夜空升起，古老的广州城怒吼了！在惊心动魄的隆隆炮声中一队队威武的革命战士、工人赤卫队和农民自卫军，高举着红旗，挥舞着刀枪，向敌人盘踞的各个巢穴发起了攻击。

叶挺和教导团团长李云鹏率领第2营第5连及炮兵连，直奔沙河镇燕塘敌人据点。沙河镇位于广州的东北部，地理位置十分险要，北靠白云山，东倚瘦狗岭，是从东北方向进入广州市区的咽喉要道。敌人的主力部队就驻扎在这里。为了抢占有利时机，叶挺跃上路旁一个斜坡，手执一根指挥鞭，不停地鼓励大家：“跑步前进，天快亮了！”“跑步前进，不要发出声响！”

在威名赫赫的“北伐名将”亲自指挥下作战，起义战士们深受鼓舞，个个信心倍增。他们像一阵旋风似的冲进敌人营房。敌哨兵没有任何防备，刚缓过神来，正要端枪，就被战士们打死了。枪声一响，营房里的敌兵顿时乱作一团，还以为是神兵从天上下来了。乘着敌人混乱的机会，战士们迅速冲进营房，在黑暗中和敌人展开了激烈的搏斗。

由于起义军来得快，打得猛，敌人仓促应战，又贪生怕死，战斗很快就结束了。

起义军正要继续向前挺进，突然，“嗒嗒嗒”，从黑暗的角落里射来一阵猛烈的子弹，几个战士中弹倒地。原来在暗堡里有几个军官，经历短暂的慌乱之后，开始组织士兵负隅顽抗。叶挺立刻指挥部队发动反攻，愤怒的子弹呼啸着朝着暗堡射去，但是敌人仗着钢筋混凝土的坚固工事，拒不投降。

几个战士冒着敌人猛烈的扫射，冲上去炸暗堡，半路上被敌人的子弹射中牺牲了。其余战士咬牙切齿要求继续冲击。远处，各个战场传来的枪声越来越激烈，叶挺意识到，如果在这里拖延的时间太久，必将影响到整个起义的大局。必须立即解决暗堡的敌人。面对战士们强烈的复仇心情，叶挺显得十分沉着镇定，他制止了战士的冲锋，突然亮起嗓门，喊起话来：

“国民党士兵兄弟们，你们被包围了，只有赶快投降，才是你们唯一的出路！再不投降，我们就要开炮了！”

战士们也纷纷喊话。

暗堡里的敌人停止了射击，只听一个敌军官拿腔拿调地问："叫我们投降？哼，你算老几！"

"我是叶挺！"

听到叶挺，暗堡里的敌人骚乱了。一个敌人结结巴巴地问道："你就是北伐军独立团的叶挺，叶团长吗？你们，你们为什么要造反？"

叶挺用洪亮的声音回答："弟兄们，国民党反动派投降帝国主义，叛变革命，背叛孙中山，疯狂屠杀我们工农群众，成了革命的敌人。只有打倒国民党反动派，全国四万万同胞，包括你们的父母、兄弟、姐妹，才能得到解放，才能过上好日子！士兵兄弟们，掉转你们的枪口，对准革命的敌人，加入革命的队伍吧！"

"不准投降，不准投降，给我开枪，给我开枪！"暗堡里又传出敌军官凶狠的声音。

"不投降就要你灭亡！"叶挺故意碰了一下身边的连长，威严地喊道，"大炮准备射击！"

连长立即机智地大声回答："是！目标，前方敌暗堡，预备……"

“砰砰”，暗堡里突然传来几声枪响，紧接着，又传出来喊声：“不要开炮，不要开炮，我们投降！”一面白旗从枪眼里伸了出来。原来是敌军士兵开枪打死了不肯投降的反动军官。不一会儿，他们举着双手一个跟着一个，从暗堡里走了出来，边走边四处张望，都想看看北伐战争赫赫有名的叶挺团长。

站在叶挺身后的连长笑着对叶挺说：“总司令，您真是厉害啊，几句话就把敌人吓怕了！”

叶挺回答：“虚虚实实，兵不厌诈嘛！”

“是的，我们的政治宣传，真顶得上一门大炮了！”那个连长佩服地说。叶挺听了哈哈大笑起来。

不到半小时，起义军将敌人的一个团全部打垮，缴获了大批武器，600余名敌兵当了俘虏，还有的听了叶挺的话加入了起义军。

起义从11日凌晨3时开始，到上午6时，各路起义军都打了胜仗，顺利地占领了珠江北岸的广州市区。起义军的大旗迎着黎明的曙光，在被起义军占领的广州市公安局楼顶上高高飘扬。广州起义取得了阶段性胜利，广州工农民主政府随即成立，张太雷担任了工农民主政府代理主席。

正当各界群众为起义的成功欢欣鼓舞之时，国民党反动派勾结英、美、日、法等帝国主义，集中大量兵力向广州集合，加紧向起义军进行反扑。形势对起义军极为不利。叶挺建议撤出广州向海陆丰转移，却遭到了共产国际代表诺伊曼等人的反对。

12月12日，大批国民党反动派在帝国主义的支持下，向广州发起了进攻。叶挺立即组织反击，终因寡不敌众，广州失守。张太雷在指挥战斗中不幸中弹牺牲。敌人占领广州，叶挺仍坚持在广州处理事宜，直到恽代英、叶剑英等人离开广州后，叶挺才化装成商人，离开广州来到香港。

广州起义失败后，中共中央派李立三赴港指导广州起义的善后工作。李立三没有进行深入调查，偏听偏信，指责起义失败是犯了“军事投机和盲动主义错误”，“在关键时刻动摇，起义指挥不力”，并认为叶挺表现消极，给予留党察看6个月的处分。面对不公正的待遇，叶挺的思想一度陷入困惑和迷茫。

1928年，叶挺接到党的通知，要他前往苏联。6月，叶挺借着在苏联莫斯科召开中共六大的机会，给党组织写了一份关于广州起义经验教训的报告。会议虽然充分肯定了广州起义的伟大意义，却没有给叶挺平反。主持共产国际工作的米夫和他的助手王明，不但没有对叶挺的报告做正面答复，反而对叶挺进行了严厉批评和无情打击。

受到不公正待遇的叶挺，对共产国际政治斗争的复杂性缺乏深刻认识，对革命产生了悲观情绪，一气之下离开莫斯科，开始了在欧洲的流亡。

十年流亡路

叶挺流亡生涯的第一站是德国柏林。这里曾经是普鲁士王国的首都，也是当时欧洲的政治、经济、文化、交通中心。德国不仅军事先进，还是革命导师马克思、恩格斯的故乡，是马克思主义、巴黎公社的发祥地。现在叶挺终于来到这个向往已久的地方，尽管是以一个流浪者的身份，他仍感到莫大的欣慰。这也应了中国那句俗语：有心栽花花不开，无心插柳柳成荫。

叶挺在德国流亡的初期，不仅精神上心灰意冷，还面临着没有生活来源的经济压力。他身无分文，连房租也交不起，不得不到乡下果园去当帮工采摘果子，挣点工钱，以此来维持日常的开支。有一天，果园老板听说他是中国非常著名的将军，生怕当局怪罪，就借故辞退了他。后来他又去其他几家工厂应聘，老板们也因同样的原因谢绝了他。工作找不到，但饭还得吃，房子还得住，他开始在柏林街头寻找赚钱的机会。经过一番考察，他决定开一家中餐馆，中餐馆的规模不大，主要为 30 多个中国留学生负责包餐伙食，从采购、厨师到服务员，都是自己一个人，每天掌勺炒菜、打扫卫生，累得筋疲力尽，生意虽然算不上多好，但从此有了稳定的收入，暂时解决了生活上的困难，在柏林也有了一个立足之地。

此时，身在澳门的妻子李秀文深知倔犟的丈

夫负气出走，一定会有许多意想不到的困难，她决定和丈夫一起走过这段艰难的岁月，用亲情抚慰那颗受伤的心灵。她行动果断，把孩子托付给父母，独自一人漂洋过海去了柏林。

叶挺见到自己的爱妻，从内心深处感到高兴和舒畅。夫妻两人同甘共苦，同劳作共欢笑，叶挺的心情好了很多，那颗受伤的心暂时得到了慰藉。

为了使饭店更有中国味道，叶挺开始学习做豆腐、生豆芽。1930 年 3 月的一天，叶挺正在街头卖豆腐，有一个戴着礼帽、穿着风衣的中国人来到豆腐摊前，叶挺正要打招呼，只听那人说道："你的豆腐还不够硬，不太地道嘛。"说完哈哈大笑起来。叶挺本来还有些不高兴，仔细一看，原来竟是自己经常思念的好朋友、中共高级领导人周恩来。周恩来是途经欧洲前往莫斯科时，在柏林专程去见叶挺的。

在异国他乡遇到曾经一起战斗过的战友，叶挺禁不住喜出望外。在叶挺住所，周恩来严肃诚挚地与他进行了交谈，周恩来给他讲了许多人生和革命道理，分析了当前中国国内的形势，最后推心置腹地问:“总不能放弃信仰，连革命都不干了吧?”

这句话触到了叶挺的痛点，欧洲的这段经历，也让他对自己的人生有了更清醒的认识和反思：总不能就这样在小饭店里消耗自己的一生吧，不在祖国为国家为人民尽些责任，却因一时之气，躲到国外过起平民日子，这是逃避现实的懦夫表现。俗话说失败是成功之母，失败并不可怕，可怕的是不去总结，不去争取反败为胜。干革命不能只许成功，不能失败。失败了也不能泄气、退缩，否则将一事无成。

自从和周恩来一番长谈之后，叶挺好像变了一个人，他精神变得振奋了，脸上也经常露出笑容，主动恢复了与一些朋友的交往，并密切关注着国内革命形势的变化。

九一八事变后，日本加快了侵略中国的步伐。蒋介石不仅不抵抗，还命令部队退入关内，使日本侵略者的铁蹄很快踏遍了东北三省。蒋介石执行“攘外必先安内”的政策，不断调集重兵“围剿”工农红军。了解到这些情况，叶挺义愤填膺，再也按捺不住对苦难祖国的思念，决定立即回国，参加抗日斗争，担负起挽救国家危亡的责任。

1932年秋天，叶挺携夫人和子女回到澳门，结束了在欧洲的流亡生活。

此时的中国，国内形势风云变幻，各派势力走马灯似的在中国大舞台上表演着不同的剧本。叶挺作为赫赫有名的北伐名将，自然成为各派势力关注和拉拢的对象。有的给他写信，有的专程前来对他嘘寒问暖。特别是陈诚和陈济棠，更是多次邀请他“协力共事”。叶挺时刻保持着清醒的头脑，他知道陈诚这个昔日好友，如今已经是蒋介石身边的大红人，知道陈诚所谓的“协力共事”，目的无非是要他当蒋介石的“炮手”，参加对红军的“围剿”。作为一直心向共产党的叶挺是万万不能接受的。他以“道不同不相为谋”“不抗日则不任职”的托词，严词拒绝了陈诚。

当时在广东主政的陈济棠，根本不理解叶挺当时的心情，他倚仗着跟叶挺是同乡，又一起讨伐过陈炯明的关系，厚颜无耻地邀请叶挺“共谋大事”，也被叶挺断然回绝。后来他又写信给叶挺，叶挺不愿与陈济棠同流合污，就给他回复了一封措辞严厉的信，历数他的肮脏勾当，揭露他拘捕屠杀几千名坚持抗日的共产党员和人民群众的无耻行径，要他好自为之，少造罪孽，免得落个恶有恶报的下场。叶挺想到这封信足以让陈济棠不再纠缠，并且做好了最坏的打算。没想到过了几天，陈济棠又派了一名副官专程登门拜望，还带了一封他的亲笔信以及若干礼物。陈济棠的这一举动，可谓用心良苦，既表明了自己的“豁达开明”，又表明自己还在耐心等待叶挺的“回归”。

叶挺心怀坦荡，光明磊落，他明确告诉那名副官，他之所以从国外回到澳门，是抗日心切，忧国忧民。他不想做官，也不想无功受禄。只要陈济棠仍然坚持他反共媚外的政策，他是坚决不会与之合作的。最后请副官把礼物原封不动地带回。这时，陈济棠才真正理解了叶挺，从此打消了继续拉拢叶挺的念头。

1933 年秋冬时节，国民党第 19 路军将领蔡廷锴、蒋光鼐和陈铭枢等，不满蒋介石南京政府对日本帝国主义侵略奉行的不抵抗政策，联合李济深、陈友仁等主张抗日的力量，在福州发动了“福建事变”，成立“中华共和国人民革命政府”，组织“生产人民党”，颁发新的政治纲领，公开宣布与蒋介石南京政府决裂，提出抗日的主张，并与红军达成了抗日反蒋协定。

蔡廷锴、蒋光鼐等曾经与叶挺在粤军及第4军共过事，也都是保定军校的毕业生。他们对叶挺十分敬仰，因此，在筹划事变的过程中，派人到澳门找到叶挺，邀请他前往福建共同举事。

叶挺认为蔡廷锴、蒋光鼐等人的反蒋抗日行动是有进步意义的，对揭露蒋介石集团的不抵抗主义、推动全国抗日救亡运动有重要作用，有利于国家民族的利益与前途，因而欣然答应。

1933年11月，叶挺离开澳门，前往福州，协助蔡、蒋的筹建工作。12月间，叶挺还加入了他们组织的“生产人民党”。

“福建事变”的爆发，震惊一时，蒋介石南京政府坚决不能容忍蔡廷锴、蒋光鼐等人的反蒋抗日行动，遂派出重兵，分几路进攻福建。由于寡不敌众，福建人民政府存在仅两个月，于1934年1月间宣告失败。叶挺也于此时离开福建返回澳门。

叶挺返回澳门后不久，又从澳门赴香港，参加了李济深、陈铭枢等组织的以反蒋抗日（后为"促蒋抗日"）为宗旨的中华民族革命同盟的组织。

1935年秋，中共派张云逸前往澳门，与叶挺取得了联系，并要他做好准备，等待党组织的召唤。

1937年7月7日，卢沟桥事变爆发。当叶挺从报纸上读到日军悍然进攻宛平城，中国第二十九路军官兵和北京市民奋起反抗的消息时，再也无法安定下来，晚上，他睡不着觉，独自坐在灯下苦思冥想；白天，他丢下家中所有的事情，一边听收音机，一边在院子里走来走去。有时还急切地回到房间，拿出箱子里的那支手枪，反复擦拭……

妻子李秀文知道丈夫的心思，她悄悄为丈夫收拾着行李。几天之后，叶挺告别妻子和儿女，毅然回到内地，来到了上海，准备投入抗日斗争的革命洪流。

04 组建新四军

军长的最佳人选

1937年7月卢沟桥事变爆发的第二天，中国共产党就发表了《中国共产党为日军进攻卢沟桥通电》，表明中共抗日的坚决态度，号召国共两党摒弃前嫌，亲密合作，共同抵御日本侵略者。在中国共产党的倡导和努力下，国共两党实现了以抗日民族统一战线为旗帜的第二次合作，全民族的抗战局面逐渐形成。

在共同抗战的基础上，国共双方就如何实现第二次合作进行了反复谈判。中共代表周恩来、秦邦宪（博古）、林伯渠还向国民党递交了《中共中央为公布国共合作宣言》，提出了将陕北红军改编为国民革命军，受国民政府军事委员会统辖，奔赴抗日前线作战等主张。在日本帝国主义加紧进行侵华战争和全国人民强烈要求抗日的双重压力下，蒋介石终于接受了共产党关于国共合作抗日的主张。8月22日，南京国民政府军事委员会宣布，将红军主力改编为国民革命军第八路军。随后，蒋介石公开发表了承认中国共产党合法地位和国共两党合作的谈话。这样，以国共两党合作为基础的抗日民族统一战线正式形成。八路军随即开赴抗日前线，建立敌后抗日根据地，给日寇以沉重打击。

1937年8月13日，淞沪抗战爆发，日本侵略者猖狂侵略华中一带，上海、南京、杭州及长江中下游地区形势不断恶化。广大人民群众迫切要求抗日，不当亡国奴。活跃在江南和华南地区的红军游击队也由此不断地发展和壮大起来，成为当地带领人民群众进行斗争的一支不可忽视的抗日武装力量。为此，中国共产党向国民党当局提出了整编南方各区红军游击队为国民革命军，开赴华中，开展敌后抗战的建议。

蒋介石长期以来一直企图采用分化、吞并等

手段消灭南方游击队，但始终没有奏效，西安事变后又集中大量兵力企图全歼游击队的阴谋也宣告失败。而南京、上海、杭州又是他统治中国的中心，在蒋介石南京政府的心脏地区，一方面有共产党游击队的存在，另一方面日本侵略者也来势汹汹。鉴于此，蒋介石很快就同意了中共中央关于改编南方红军游击队开赴华中抗日前线的建议。

经过周恩来等人与国民党当局的反复谈判和据理力争，双方达成了集中南方红军游击队编组为一个军的初步意向，但在军长的人选问题上，双方意见分歧很大，几次讨论都不能取得一致。

中共方面提出叶剑英担任军长，蒋介石不同意，他不愿意让共产党人指挥这支队伍。国民党方面提出陈诚，中共方面也不同意。任命谁当军长好呢？蒋介石一下犯了难。他突然想起了在国内享有很高声望的北伐名将叶挺。想任命叶挺为军长，自有他的如意算盘。他认为叶挺曾加入过国民党，后来虽转为中共党员，但在广州起义后受到中共党内的不公正对待，脱离了共产党，在国外过了多年流亡生活，这次回国恐怕不会再替共产党卖力了。叶挺现在既不是国民党员，也不是共产党员，在政治立场上算得上中性人物，因此，蒋介石乘机想把叶挺拉拢过去，通过叶挺把中共游击队抓在手中。中共方面提出的叶剑英遭到蒋介石拒绝后，也在物色适合人选，同时也想到了叶挺。

此时，叶挺已来到上海，并且见到了周恩来。多年不见，两人要谈的话很多，但他们都很忙。特别是周恩来，他的时间太有限了。所以当他们坐下来后，周恩来开门见山对叶挺说："希夷，我正和蒋介石谈判，主要是谈我们八路军部队改编的问题。待这件事解决好了，改编南方八省游击队的问题就要提上议程。如果能谈通，希望你能参加这些部队的改编工作。"叶挺欣然接受了周恩来的建议，同时，提议将这支部队的番号定为"国民革命军陆军新编第四军"（简称新四军），其用意在于使这支部队继承和发扬当年北伐时期"铁军"第 4 军的光荣传统。

叶挺也主动找到蒋介石，提出对南方红军游击队的具体改编意见，蒋介石顺势应允。1937 年 9 月 28 日，国民党政府以国民党军事委员会的名义，正式任命叶挺为国民革命军陆军新编第四军军长，由他负责主持改编和指挥南方各地红军游击队为抗日部队。

国民党政府虽然单方面进行了任命，但还没经过中共方面的认可。为了慎重起见，中共没有立即同意。10 月 1 日，中共中央书记处提出："叶挺须来延安，他完全同意中央的政治、军事原则后，可以去闽赣边或闽浙边指挥张鼎丞部或刘英部，以此为基础扩大部队。"10月19日，张闻天、毛泽东又致电正在南京同国民党谈判的博古和叶剑英，询问叶挺是否愿意恢复党籍或完全接受党的领导，而不受国民党的干涉，并是否愿意到延安及八路军总部来一趟。如能办到，则由叶挺整编南方游击队，并集中各游击队之部成为一个军是可以的。叶挺获知中共中央的上述态度后，即刻明确表示，愿意接受中国共产党的领导，并决定赴延安向中共中央当面汇报。

1937 年 11 月 3 日，叶挺来到了向往已久的革命圣地延安，毛泽东等党中央领导人热情欢迎他的到来。第二天晚上，延安隆重召开欢迎大会，

毛泽东致欢迎词，他热情洋溢地说：“同志们，我们今天为什么欢迎叶挺军长呢？因为他是大革命时代的北伐名将，因为他愿意担任我们的新四军军长，因为他赞成我党抗日民族统一战线的政策，所以我们欢迎他。”

叶挺被深深感动了，他激动地说：“同志们欢迎我，实在不敢当。革命好比爬山，许多同志不怕山高，不怕路难，一直往上走，我有一段爬到山腰又折回去了，现在又跟上来。今后一定遵照党中央所指的道路走，坚决抗战到底。”

在延安期间，毛泽东还请叶挺、项英吃了饭，并陪同他们参观了“抗大”和中央党校。饭后毛泽东又同他们再次交谈，分析了国内外形势，介绍了党在抗日战争时期的路线、方针和政策，并询问叶挺是否愿意重新加入党的组织。叶挺表示，自己暂时留在党的组织之外，这对国共联手抗日更有利，但愿意在中国共产党领导下开展工作。

通过对叶挺的全面考察，中共中央对叶挺就任新四军军长是满意的。1937 年 11 月 9 日，叶挺肩负着中共中央赋予的光荣使命，离开延安，踏上组建新四军的征程。

“我是抗日的军长”

1937年11月12日，叶挺马不停蹄赶到抗战中心城市武汉，住在汉口大和街26号。当时日军已占领上海，南京的国民党和国民政府机关陆续迁往武汉，一些工厂、学校也随迁而至，武汉成为当时国民党统治区的政治、军事、经济、文化中心。

叶挺到武汉后，立即着手南方8省14个地区红军游击队的改编工作。为了尽快完成组建，早日走上抗日战场，叶挺一方面向中共中央要求多派干部，另一方面在原国民革命军的部属和亲友中招募人才，尽可能多地吸收和动员那些拥护抗战的军人和知识分子，并很快建起了军需处、副官处、军医处、秘书处。这些机构的组成，为下一步新四军军部的成立奠定了基础。

在国民政府的官方通报中，新四军名义上是一个军，实际上在人员数量、武器装备、弹药粮饷、防区范围等方面，都进行了严格的限制。改编后的新四军的给养只相当于国民党一个丙等师的标准，而且经常被克扣拖欠。叶挺耐着性子与蒋介石交涉。11 月 21 日，叶挺、叶剑英赴南京面见蒋介石。他们遵照中共中央的意见，叶挺向蒋介石提出：新四军拟编为乙种师两个师，军师干部人选、部队集中地点、开拔费用等诸项必须落到实处。蒋介石一听就火了："各游击队不能按照八路军的办法，延安提出的干部名单不能同意。"接着又说："八路军拒绝点验，南方游击队必须派人点验，按枪的多少决定编制，不能先委任师长、旅长。"

叶挺当即进行了反驳："将他们拉到前方打日本才是主要问题，其他皆为人事问题，容易解决。"

蒋介石则露骨地说："你是国民党的军长，又不是共产党的军长！"

叶挺大声地回答："我是抗日的军长！"

接着，叶挺进一步晓以大义，力劝蒋介石：

"收编可以增加抗日力量，否则对地方亦不好。"

当时前线战事吃紧，蒋介石又喊出"地无分南北，年无分老幼"的全民抗战口号，此时蒋介石见叶挺并不买他的账，恶狠狠地说："如扰乱地方，便是破坏抗战，我要剿的，你们绝不能在江南。"他还当着叶剑英的面向叶挺挑拨地说："他们都是共产党，你不是共产党，将来你有性命危险。"

叶挺不为所动，他对蒋介石毫无诚意的态度和阴险的小人嘴脸非常反感，愤然提出辞职。蒋介石见叶挺态度坚决，他的态度也软了下来，说具体问题可以找陈诚商量。经过这次与蒋介石的交涉，叶挺进一步看清了蒋介石虚假抗日真心反共的面目。

叶挺又去找何应钦和陈诚，何应钦按蒋介石的旨意，千方百计想控制新四军。在隶属关系上，决不同意新四军由八路军总部指挥，而由第三战区管辖；在干部配备上，提出各红军游击队主要领导人都要离开部队，由国民党方面派人担任营长以上军官。在不断地谈判过程中，南京、杭州又相继沦陷，形势更加危急，国民党这才对新四军改编事宜开始催办。

为了顾全大局，中共作了许多让步，特别是同意了新四军由第三战区管辖，加之叶挺从中竭力斡旋，促成国共两党在新四军改编方案上达成协议。

12 月 14 日，延安方面决定成立中共中央革命军事委员会新四军分会，实际上基本批准了新四军的改编方案。新四军分会以项英、陈毅、张鼎丞、曾山等为委员，项英为书记，陈毅为副书记。当天，毛泽东、项英致电叶挺："新四军原则上可照何（应钦）提议作进一步磋商。其他条件如前所商，尤不要何派人。"叶挺接到电报后，在与何应钦的交涉过程中，始终坚持中共中央提出的意见，即新四军的干部配备均由共产党方面负责，不允许国民党方面插手，这就为在新四军中坚持共产党的绝对领导，建立共产党的组织和政治机关，贯彻中国共产党的路线方针政策，提供了组织保证。

1937 年 12 月 25 日下午，叶挺、项英在大和街 26 号召开新四军军部机关和部分游击区负责人参加的干部大会。到会的新四军领导人有拟任参谋长的张云逸、参谋处处长赖传珠、组织部部长李子芳、军需处处长叶辅平、副处长宋裕和、军医处处长沈其震、侦察科科长李志高、通讯科科长胡立教等。

会上，叶挺和项英分别报告了抗战形势、上海和南京失陷的经过和原因，布置了集中部队开赴前线的任务。这是新四军军部机关的第一次会议，实际上也是新四军军部宣布正式成立的会议。

1938 年 1 月 3 日晚，拟任新四军副参谋长的周子昆率 30 余名干部抵达武汉，随即充实到新四军军部机关各处部，至此，军政治部、参谋处、军需处、军医处初具规模。

军部虽然成立了，但副军长项英、参谋长张云逸、副参谋长周子昆的委任仍未核准。叶挺又斡旋于此项工作，并以他的特殊身份，利用老朋友、原国民革命军旧部军官的关系，为争取国民政府尽快核定项英等人的委任而奔波。在新四军的军费上，国民政府只答应给 3 万元，叶挺多次找到陈诚，要求将军费增加到 10 万元以上。

1 月 15 日，叶挺飞抵香港，向在港的国民政府财政部部长宋子文催要军费，并到广州筹款购置枪支弹药。通过叶挺的不懈努力，新四军部队的人、枪、款等问题得到初步的解决，军费也落实到了9万元。

1938年1月6日，新四军军部迁至南昌，经过与国民党的反复交涉和谈判，到3月中旬，领导干部的任用基本确定，到4月中旬，各游击队的集中改编也基本完成：叶挺任新四军军长，项英任副军长，张云逸任参谋长，周子昆任副参谋长，袁国平任政治部主任，邓子恢任政治部副主任。全军1.3万余人，下辖4个支队：第1支队由湘鄂赣边、湘赣边、赣粤边、皖浙赣边和湘南等地的红军游击队编成，陈毅任司令员，傅秋涛任副司令员；第2支队由闽西、闽赣边、闽粤边及浙南等地红军游击队编成，张鼎丞任司令员，粟裕任副司令员；第3支队由闽北、闽东红军游击队编成，张云逸兼任司令员，谭震林任副司令员；第4支队由鄂豫皖边红28军和豫南桐柏山红军游击队编成，高敬亭任司令员。

新四军的诞生，倾注了叶挺的心血和智慧。

在叶挺的领导和指挥下，新四军各部分路开往抗日前线，由此揭开了新四军敌后抗日的序幕。

猛虎出江南

按照中共中央和毛泽东的指示，新四军军长叶挺和副军长项英向全军发出号令：向东作战，直逼京沪；向北发展，进入苏北皖中。

1938 年 4 月，新四军军部从南昌迁到皖南岩寺、云岭驻扎。这里距离刚刚进行过血腥大屠杀的南京仅百余公里，空气中似乎都能闻到浓重的血腥味。

新四军集中整编完毕，正要出发走上抗日前线的时候，一直在暗中阻挠和破坏的国民党打着“合作抗战”的幌子，玩起了点验的把戏。所谓点验，就是清点枪械数量，核定编制员额。按照常理，点验是军队的一项正常工作，但蒋介石对新四军的点验却是别有用心。

国民党派来了第三战区的一个副司令长官，带着一个庞大的顾问团，大摇大摆地来到了新四军的营地。他们这伙人趾高气扬，装模作样，东看看，西瞅瞅，横挑鼻子竖挑眼，总想挑出点毛病来。叶挺早把他们看透了。他一边抽着烟，一边不动声色地陪着他们走，听听他们究竟要谈什么。

当时，在新四军的队伍中，既有四五十岁的老兵，又有十三四岁的小战士，服装也五花八门。武器装备也很差，大部分都是从游击队带过来的。为了携带方便，有的把长枪的枪托锯掉，变成了短枪；有的枪都老掉了牙，连准星都没有了；甚至不少人只拿梭镖、大刀。

看到这种情况，那位副司令长官眯着眼睛，撇着嘴，轻蔑地说："就你们这队伍，老的老，小的小，瘦的瘦，矮的矮，拿着这些破铜烂铁上前线打日本人，不是去白白送死吗？"

"送死？"叶挺立即严厉地反驳说："在日本鬼子面前，我们的战士都是下山虎！"

"杀——"

叶挺话音刚落，一群新四军战士从山坡上冲

了下来，他们端着钢枪，挥舞大刀，向练兵场上的假设敌——鬼子的头上砍去。摇山撼岳的喊声，排山倒海的气势，把没有思想准备的副司令长官吓了一跳，害怕地躲到叶挺的身后。叶挺走在前边，头也不回地对那位副司令长官说：

“这个问题我正要跟副司令长官阁下请示，按照抗日民族统一战线的协议规定，我们的军饷和武器装备都应该由第三战区供给，现在我们武器的确很差，1 万多人才有 6000 条枪，应该怎么办？”

那副司令长官做贼心虚，哪敢回答，只得支支吾吾，避而不谈。

叶挺轻蔑地说：“别看我们新四军的弟兄面容憔悴，军容不整，但他们都是真正的爱国者，有把日本人赶出中国的决心。别看他们瘦，他们小，可个个都是下山猛虎，是拖不烂、打不垮的英雄好汉！”

叶挺很喜欢新四军这些“下山虎”，他们都在敌后坚持多年游击战争，经过了艰苦环境和战斗的考验，具有坚定的革命意志和顽强的斗争精神。

此时，正是日本侵略军最嚣张的阶段，也是

国民党节节败退的时期。敌强我弱，恐日的悲观情绪弥漫在国民党军队的主战场。而面对骄狂不可一世的侵华日军，新四军敢入腥风血雨的险境、绝境，逢敌亮剑，给侵略者以极大打击。

1938年5月12日上午8时许，巢县县城方向，有两艘小艇向蒋家河口开来，20余名耀武扬威的日军如往常一样，准备登岸到村里烧杀抢掠。他们刚要下船，突然，一排排密集的子弹向他们飞来，手榴弹也在脚下炸开了花，枪炮声、厮杀声一时响成一片。不到20分钟，20余名日军全数毙命！

正义可能迟到，但从不缺席。这支遭受灭顶之灾的小股部队，是日军巢县守备队，属于曾参加过南京大屠杀的日军第六师团坂井支队。这些手上沾满中国人鲜血的刽子手，做梦也没想到会在这里遇上复仇和正义的子弹。这时的日军并不知道，伏击他们的，是上个月才在皖南成军的国民革命军新编第四军第4支队第9团。

蒋家河口伏击战是一次典型的奇袭，虽然规模不大，但影响较大，它是新四军第4支队东进皖中敌后的第一仗，也是整个新四军挺进敌后的第一仗，以它为标志，由此拉开了华中敌后游击战的序幕。

江南方向，由粟裕带领的先遣队挺进苏南敌后，侦察发现，日军正调兵遣将向武汉进攻，从南京至镇江的公路上，日军车队来往频繁。粟裕立即将此情况向军长叶挺和副军长项英报告，并决定在镇江西南30里处的韦岗打一次伏击。

6月17日上午9时许，由镇江方向开来5辆日军的军车，当进入伏击地域时，粟裕先让侦察连的机枪手一个点射，击毙了驾驶头辆汽车的日本兵，汽车“嘎”的一声歪向一边，横在了公路上。后面的4辆汽车驾驶兵，不知是怎么回事，一辆挨一辆地停了下来。这时，粟裕一声令下：“打！”顿时枪声大作，手榴弹雨点般地在敌军车周围炸开了，车上的日本兵跳下车来拼命还击，新四军战士们如下山的猛虎，冲向敌人。经过不到1小时的战斗，这股敌人全部被消灭，共计打死日军土井少佐、梅泽武四郎大尉等21人，烧毁日军汽车4辆。先遣支队人员无一伤亡。

蒋介石专门给新四军发去贺电："……袭击韦岗，斩获颇多，殊堪嘉尚。"陈毅听后，当即赋诗一首《韦岗处女战》，以志欣慰之情：

弯弓射日到江南，终夜喧呼敌胆寒。
镇江城下初遭遇，脱手斩得小楼兰。

猛虎下山了！在叶挺的统一指挥下，新四军的第1、第2两个支队在两个月内，也先后发动进攻新丰、新塘、句容城、永安桥、江宁、禄口等百余次战斗。其中，夜袭句容城，毙伤敌伪40余人，摧毁了伪县衙公署；夜袭宁沪铁路新丰车站，全歼敌军40余名；伏击珥陵河川，毙伤敌军50名，生俘1名……

这些战斗打得干净利落，非常出色，就连日寇华中派遣军司令部所在地南京，其市郊的飞机场、雨花台、麒麟门等地，也都响起了游击健儿的猛烈枪声。对这段战斗历程，陈毅曾评价说："寇能往，我亦能往"，江南平原水网交通发达地区也能打游击战。

紧接着，第 3 支队、第 4 支队也先后与敌进行了 10 多次战斗，仗仗都有可观的战果。叶挺指示：新四军不占大城市，不打正规战，主动灵活消灭敌人的有生力量。一时间，入侵祖国大好江南的日本鬼子到处碰壁。新四军这群“下山猛虎”，经常一个连、一个营地吃掉日伪军，对敌人造成了极大震慑。

新四军依托湖泊、芦荡、庄稼、集镇、小巷，因地制宜，灵活运用袭击战、伏击战、攻坚战、保卫战等战法，按照“积小胜为大胜”的原则，在敌伪顽交错盘踞的夹缝中，创造性地开展游击战，创建了茅山等多处根据地，并东进北上，向一切日军战略区发展，积极主动寻找战机歼灭敌人。

新四军东进江南，深入敌后，开辟农村抗日根据地，肩负起组织敌后抗战的重担，就像在茫茫黑夜中燃起了一把火炬，使敌人铁蹄下的广大人民看到光明，奋起雄心。

“吃菜要吃白菜心，当兵要当新四军。”敌后广大群众积极支援，踊跃参军，“下山虎”越来越多，新四军越战越强。从 6 月到 12 月，半年时间里，叶挺率领的新四军就打了200多次仗，建立了以茅山为中心的抗日根据地。抗日烽火在大江南北熊熊燃烧起来了。

保卫繁昌城

面对日军的优势兵力和铜墙铁壁，新四军该如何打呢？叶挺军长在各支队主要干部会议上，斩钉截铁地说道："运动战，只有在运动中，才能一口一口地吃掉日军的有生力量。具体地说，我军先选择一个有利城镇，像匕首一样插在敌军心脏，吸引敌人，日军必然会疯狂地扑向我军。这时，我们就兵分几路，四处袭扰，各个击破，让敌人顾东顾不了西，顾头顾不了尾。我们有根据地广大抗日群众做眼线和后勤支援，而敌人就像瞎了双眼的疯牛，东闯西撞，我们就可以利用此有利时机，有利地点，将敌人歼而灭之……"

叶挺的精辟分析，为新四军的作战方针指明

了方向，受到其他领导的一致赞同，有人认为这和毛泽东主席的游击战有异曲同工之妙，对强敌实行疲劳战、袭扰战、蘑菇战最为有效，打得赢就打，打不赢就走。

1939 年 11 月 8 日拂晓，日军第 15 师团所属川岛警备部队 600 余人，分 3 路向繁昌城进犯。

繁昌城虽小，却为皖南的门户，上抵武汉，下通南京，敌我双方都志在必得。敌人如果拿下繁昌，则从芜湖出动的日军，可直接威胁中国军队第三战区总部所在地屯溪和新四军军部所在地云岭。相反，如果繁昌掌握在我方手里，则对破坏、威胁日军占据的芜湖和长江交通运输线，策应青阳、铜陵、宣城等地作战，保卫皖南甚至整个皖东战场具有重要战略意义。

叶挺命令第 3 支队谭震林司令员率支队司令部进至铁门闩一带，由第 5 团第 1 营在通横山桥的马家坝附近，以小部队在正面钳制敌人，第 2 营则隐蔽在白马山附近，待机袭击敌人，第 3 营在红花山、孙村加强警戒，打击可能来增援的敌人，保障侧翼之安全。另外，由第 6 团第 3 营担任城防，并扼守峨山头。

日军早已被新四军打得晕头转向，感到草木皆兵，3路日军扑向繁昌城时，每一路都遇到新四军的袭扰，刚要开炮，新四军已不知去向，刚要后撤，新四军又围拢过来。就这样，双方激战到上午11时，第5团第1营到繁昌北，第2营到繁昌西，将敌包围在繁昌城内。午后3时，新四军进城，进行巷战，5时，在一片“活捉鬼子”和“缴枪不杀”的声浪中，日军不支，向北门溃退。此战历时12小时，打死打伤日军50余名。

日军遭到打击后，连日调兵，企图夺取赤滩镇，威胁新四军后方，孤立繁昌城。日军石谷133联队、西川大队500多人，于13日午夜向赤滩镇方向开进。谭震林摸清敌人意图后，即刻请示叶挺军长，为争取主动，凭借汤口坝西沟山地有利地势，诱敌至汤口坝附近阻击。

14日拂晓，第3支队第5团第3营在梅冲与敌接火，迫使日军不能渡河；第2营在乌龟山附近与日军发生激战，双方进入胶着状态，第2营营长陈仁洪多处受伤，仍坚持战斗。11时，敌

200 余人从三江口渡河增援乌龟山，被我军冲杀击退。下午 3 时，敌第二次增援 400 余人，被第 3 营阻击。战至黄昏，第 6 团第 3 营向乌龟山之敌出击，日军伤亡很大。晚 7 时，敌人又派来第三批 200 余人增援，到达黄浒时，又被新四军拦截。直到晚 12 时，日军不能支持，才不得不退出战斗。此次战斗，历时 22 小时，日军出动总兵力 2200 余人，伤亡 300 余人，指挥官川岛中佐被击毙。

日军仍不甘心失败，企图第三次报复。11 月 20 日晚，驻荻港、铁矿山附近的石谷联队会合川岛警备队，计 2000 余人，分 5 路再次向繁昌进犯。

叶挺得知这一情况后，决定避免正面决战，坚持运动战中消灭敌人的既定方针，命令谭震林第 3 支队一部在繁昌袭扰疲劳日军，一部开进到铁门闩伏击敌人。

21 日晨 7 时，第 3 支队第 5 团第 1 营一部在繁昌城西北与敌人接触，经过以排为单位的节节阻击，除杀伤一部敌人外，下午 3 时，敌人大部进入繁昌城。

22日，新四军第3支队第5团第1营、第2营包围繁昌城，不断出击，杀伤敌人，日军困守孤城，非常恐慌。23日拂晓，日军企图冲出重围，被新四军痛击后，又退入城内，随后，新四军让出一条路，放日军出城，待日军进入铁门闩伏击圈后，新四军的冲锋号又响，把日军打得摸不着头脑。此次战斗计三昼两夜，毙敌100余人。

残败的日军狼狈地逃回荻港、三山、横山等据点，繁昌城内又飘扬起新四军的战旗。

顽固的日本侵略军虽然几次进犯繁昌没讨到便宜，但仍不死心。12月15日，驻芜湖日军1700余人，分两路第四次向繁昌进犯。为避开敌猛烈炮火，第3支队主力转移至有利阵地，坚持顽强抗击，双方形成对峙，激战数日。顺安日军200余人，配合驻荻港日军300余人，于15日晨企图占领三梁山、白马山阵地，经新四军抗击未逞，随即折向繁昌城，进抵城西之敌又遭新四军火力杀伤，损失惨重。战至下午6时，该敌不支，向原路溃退。驻三山日军700余人，经松林口、草头山向繁昌进犯，遭新四军守备队阻击。16日晚，新四军各路部队向敌发起袭击，敌不敢固守繁昌城，于拂晓前分路溃退。此次战斗毙伤日军300余人。

21日上午8时许，日军纠集300余人第五次进犯繁昌城。新四军第3支队第5团一部在积谷、太行冲等地阻击，至下午3时将来犯之敌击退。22日晨，日军第五次向繁昌进犯，同时，铁矿山之敌500余人，峨桥、三山之敌400余人，配备重炮10门，分路前来增援。中午12时，日军进占繁昌。新四军冒着敌猛烈炮火奋力反攻，经反复冲锋，机动袭击，至下午3时半将敌击溃。残敌向横山桥一带逃窜，繁昌再度收复。

历经数月，与敌反复争夺，繁昌城始终掌握在我手中，因此，繁昌城争夺战成为新四军皖南抗战史上的光辉篇章。当时的日本派遣军总司令不得不发出无可奈何的哀鸣："看来要在共产党手中夺取繁昌城是不可能的！"

繁昌争夺战是一场军事和政治上双赢的战斗。在叶挺的指挥下，新四军采取运动战的战法进行防御、伏击、夜袭等多种战术打法，5 次战役共消灭敌人数以千计，胜利地保卫了繁昌，在华中地区抗日最艰难的时刻，扩大了新四军的政治影响，有力地打击了日军的嚣张气焰，极大地鼓舞了全国人民积极抗战的信心。对此，不仅延安方面发来了祝捷电，称赞叶挺军长指挥有力，蒋介石和国民政府也向新四军和叶挺发来了嘉奖令。

反“扫荡”出奇胜

日本侵略者占领南京后，更加狂妄至极，在江南地区长驱直入，气势汹汹，不可一世。新四军进入长江一带之后，在叶挺军长的指挥下，英勇杀敌，出奇制胜，取得了一次又一次反“扫荡”的胜利，极大地挫败了日军的嚣张气焰，使日军领教了新四军的厉害，因此对新四军更加仇恨，伺机进行疯狂报复。

1940 年 10 月初，日军从苏南、江北增调第

15 师、第 116 师团兵力 1 万余人，分 3 路气势汹汹地对皖南新四军所在地汀潭、云岭一带实行大规模的“扫荡”，妄图对新四军军部实行毁灭性打击。

当时新四军驻皖南部队仅 7000 余人，还分散在泾县、南陵、繁昌、青阳多地，驻云岭新四军军部的不到 600 人。面对数倍于己的日军，军部有些同志一度建议新四军撤退以避其锋芒，但叶挺军长坚决反对。他认为撤退是对云岭老百姓的不负责任，没法向延安交代，也没法向全国人民交代。这一仗必须打，还得打好。

决心下定后，叶挺军长和项英副军长召开紧急会议，认真分析敌人进犯的企图，并根据敌我力量对比悬殊的现实，以及当地战场环境的特点，提出采用“后退决战、运动防御、逐步后退、层层堵截、待机反击”的积极防御战法，在敌军大队人马必经的道路沿线设置纵深阵地，消耗和迟滞敌军。

叶挺利用有利地形，设下了 3 道防线：第一道布兵驻守在三里店的树岭；第二道布兵驻守在汀潭和三里店之间的铁螺桥；第三道布兵驻守在云岭。他亲赴前线，给参战部队进行战前动员，坚定大家战胜敌人的信心和决心。新四军广大指战员遵照叶挺军长“打掉敌人气焰、磨掉敌人棱角”的命令，在日军进攻的道路上埋地雷、挖坑沟，据险设伏，层层阻击。

10月4日，天刚蒙蒙亮，日军首批出动500多人，大摇大摆地由北贡里向新四军驻地进犯，不大一会儿，先头的日军大约有一半人跨过了徐村桥，然后进入一条狭窄小道，另一半还拥挤在桥上时，埋伏在桥头两侧的新四军出其不意地向敌人开了火。日军完全没有想到会在桥上遭到伏击，他们原以为新四军也像国民党军队一样，早就望风而逃了。慌乱的日军处于被动挨打之中，躲也无处躲，逃也无处逃，丢下几十条性命后转头就向回逃窜。

临近中午，日军又从繁昌出动200多名骑兵，沿繁昌南陵大道闯进三里店。这里左边是一个半高不高的小山坡，右边是一条水流平缓的小河，顺着小河，一条小路弯弯曲曲地向前延伸。叶挺早已预先安排部队埋伏在三里店日军必经之地。日本骑兵总以为无人能敌，洋洋得意地顺着山路向前走，走到小河的大弯道，进入新四军伏击圈时，随着一声令下，埋伏在山坡上树丛中的几百名新四军战士用机枪、步枪和手榴弹，一起向敌骑兵一阵猛打，打得日军骑兵队马嘶人叫、人仰马翻，战马驰骋不起来，相互践踏，死伤无数。

日军指挥官三木石太郎接连遭受严重打击，恼羞成怒，于是派出主力部队继续向三里店以东进犯，企图寻找新四军主力进行报复。离三里店不远的铁螺桥是敌人必经之路，桥长 80 余米，桥下水流湍急，这是叶挺早已布置好的第二道防线。

10 月 6 日，当日军一部跨过铁螺桥时，隐蔽在桥头两侧的新四军再次迎头痛击，受到突然打击的日军，立即向桥两侧逃窜，桥的两侧早已布好密集的雷区，顿时日军被炸得一片惨叫，不敢往前。完成阻击任务后，部队随即按叶挺军长预定的作战计划，迅速向三里店东南地区转移。叶挺分析，日军吃了败仗并不会甘心，下一步会更加猖狂。他判断敌人将可能进占汀潭，南犯云岭，东取泾县。

10 月 7 日，新四军主力部队迅速转移到汀潭以东的山地，利用有利地形与敌周旋，打打停停，使日军欲战不能，欲罢不甘，进退两难。日军在进攻新四军军部驻地云岭无望后，渡过青弋江向泾县城进犯。驻守泾县的国民党军第52师，见状不发一枪，连夜不战而逃，使新四军与国民党军第52师联合夹击日军的计划落空，日军顺利占领泾县。

叶挺听到这个消息，愤怒地说："追！绝不能让鬼子跑掉！"他又率领部队迅速向泾县开进，决定趁敌立足未稳，抓住有利时机，对泾县之敌发起进攻。战斗打响后，日军出动30多架次飞机对新四军阵地实行轮番轰炸和扫射，在叶挺的指挥下，新四军指战员越战越猛，特别是看到叶挺军长，不顾个人安危，亲临一线指挥，给各级指战员以巨大的鼓舞。经过7昼夜的激烈战斗，新四军从日军手中夺回了泾县，取得了歼灭日军1000多人的辉煌战绩。

新四军占领泾县县城后，避战而逃的国民党军第52师立即照会叶挺，要新四军立即退出城防。叶挺军长虽然深感恼火，但为了顾全抗日统一战线的大局，还是作出了退让的决定，返回云岭驻地。

云岭的老百姓听到新四军打了胜仗的消息，一路夹道欢迎，唱出歌谣："云岭村，军部蹲，叶挺和项英，打鬼子真操心。鬼子进了汀潭村，新四军把命拼，打得鬼子爬小岭。鬼子抢牛羊，烧房子，一路烧到泾县城。四面八方新四军，打得鬼子翻不得身，飞机大炮救不了他的命……"

泾县保卫战是新四军在叶挺军长指挥下，运用游击战和阵地战相结合的战术，用劣势武器有效抗击了装备精良的日伪军的进攻，是新四军以少胜多的战斗，粉碎了日军在皖南规模最大、投入人数最多、装备武器最精良、进犯路线最长的一次大"扫荡"。泾县保卫战的胜利，震动了大江南北，有力地打击了日军的嚣张气焰，彻底打破了日军不可战胜的神话，极大地壮大了新四军的声威，鼓舞了全国人民的抗日士气，进一步扩大了共产党和新四军的影响。叶挺料敌如神、灵活机动的军事才能，也赢得了华中地区人民的无限爱戴和高度赞扬。蒋介石获知皖南反"扫荡"取胜的消息后，也致电叶挺予以嘉奖。

05 千古奇冤

皖南激战

1940 年秋天，世界形势发生了巨大变化。德国、意大利、日本 3 个帝国主义国家结成军事同盟，妄图吞并世界。英国、美国也签订了联合防卫协定，列强重新划为两大阵营。日本帝国主义急于配合德意法西斯联盟，想在中国速战速决，于是改变了对华侵略的战争策略，提出了“联合反共”的口号，对蒋介石采取了拉拢、诱骗、诱降的手段。蒋介石一贯消极抗日，积极反共。他荒谬地认为日本是癣疥之疾，共产党才是心腹大患，也想借着日本侵略者的手来消灭共产党。

10 月 19 日，蒋介石指使何应钦、白崇禧，以国民政府军事委员会正副参谋长的名义，致电八路军朱德、彭德怀和新四军叶挺，强令将在黄河以南的八路军、新四军于 1 个月内撤到黄河以北。这是一个十分恶毒的阴谋。他们一方面在指定的转移路线上布下重重伏兵，一方面又公开广播转移的日期和路线，让日军乘机袭击，企图一举歼灭这两支人民抗日武装。

党中央及时揭露了蒋介石的这个罪恶阴谋，为了顾全大局，也作了一些让步，同意将皖南的新四军开赴长江以北，并指示军长叶挺和副军长项英，利用北移的机会，率领部队深入敌后，扩大武装，建立抗日根据地。而蒋介石对此不予理睬，仍按原定计划密令第三战区顾祝同，将江南新四军立即“解决”。

新四军自成立以来，在敌后打了不少胜仗，给日军以沉重的打击，也有力地配合了国民党正面战场的作战，但新四军已实际发展成为中共的一支重要军事力量，而军长叶挺从思想到立场与延安方面高度吻合，这是蒋介石无论如何也不能接受的。

1940 年 10 月，国民党第三战区司令长官顾祝同已按蒋介石的密令，布置了“围剿”新四军的方案。国民党方面以 7 个师 8 倍于新四军的兵力，在贵池、宁国、泾县、郎溪等地，布成袋形包围圈，企图歼灭新四军。但此时项英在北移问题上，还在撤和不撤之间徘徊，没有及时作出战略部署。

11 月 21 日，中共中央已经知道敌人的动作不可避免，指示叶、项：“你们可以拖一个月至两个月（要开拔费、要停止江北进攻），但须认真准备北移。”11 月 24 日，中共中央再次致电叶、项：“你们必须准备于 12 月底全部开动完毕。”

叶挺认为中央的决策具有重要的战略意义，非常正确，应该坚决执行。主张要自己制定转移路线，他认为，如果按照国民党指定的路线走，新四军不被日伪军吃掉，也会受到国民党军队的围攻。项英则提出要“一切服从统一战线”，坚持让部队按照国民党指定的路线转移。新四军两位主帅在此问题上出现了严重的意见分歧，而掌有决策权和与党中央沟通权的党委书记项英对此一直犹豫不决。

1940 年 12 月，皖南的形势变得日趋严峻，项英还在犹豫中请示中央，却遭到以毛泽东为代表的中央书记处严厉批评。但在确定突围路线上，叶挺、项英再次出现严重分歧。最终的突围路线仍是按照项英提出的方案转移。

由于转移时间和转移路线都是在受到党中央批评之后临时决定的，因而全军的序列编组和政治动员也都显得很匆忙。

1941 年 1 月 4 日，天空布满了阴霾，凛冽的北风嘶叫着。在云岭山脚下的一个大草坪上，新四军军部、教导团、特务团以及 3 个支队共 9000 余名干部战士，分 3 路纵队，踏上了向北转移的征途。

1 月 6 日，当新四军前进到茂林地区时，已进入国民党顽军的袋形包围圈之内。先头侦察营发现周围山头迹象可疑，当地群众也及时向军部反映了情况。为了避免遭受意外的袭击，叶挺主张组织部队突破在前堵截的顽军防线，但项英犹豫不决，还是继续沿着国民党指定的路线向前走。等队伍走到皮岭脚下时，突然遭到国民党军的袭击。叶挺指挥部队奋勇反击，打了一场漂亮的反击战，击退了敌人的围攻。

部队来到星潭河边，侦察部队报告，星潭只有敌人两个营的兵力把守，力量比较单薄，叶挺主张乘胜攻下星潭，突出重围，这一建议又遭到项英的反对。这时候，国民党反动派已把新四军皖南部队重重包围起来了。在形势十分危急的情况下，叶挺终于忍无可忍地对项英和政治部主任袁国平、副参谋长周子昆说道:“现在我们陷入了重重包围，不打一场恶仗，不花一些代价，是冲不出包围圈的。时间就是胜利，不能总是犹豫不定，总是没有决心。你们的意见到底怎么样？请快说出来。我的态度是，错误的决定我也服从。现在请项副军长作决定吧，你决定怎么办就怎么办。”最终，项英也没有同意叶挺攻打星潭的主张，决定部队重新由原路折回，改向西南前进，使得已经取得一线转机的新四军再次陷入绝境。

在失去星潭突围这一最好时机之后，叶挺决定组织部队分批突围，以保存实力。

第三天，新四军部队又遭到国民党军的截击。在皮岭被打败的敌人又追了上来，他们一左一右夹击新四军。叶挺见状，拔出腰间的左轮手枪，亲自上前阻击敌人。他指挥队伍边打边行进，一直将国民党顽军打到离茂林东南10多里远的高坦。此时，天色渐晚，又下起了大雨。时值寒冬季节，官兵们的衣服都被雨水湿透了，一天的激烈战斗使战士们十分疲惫，军部机关决定在此休息。

雨后的夜晚，天黑得像锅底。叶挺在山脚下作为临时军部的一座祠堂里，背着双手，走来走去，心里像有一团火焰在燃烧。而此时走在前边的项英、袁国平、周子昆等领导人没有回到临时军部，他们站在路边商量着行动方案。过了一会儿，周子昆便让参谋叶超去临时军部请叶军长开会商量决策。叶超跑到数百米外的祠堂向叶挺军长报告了情况，当返回来时，发现项英等领导人已不在原地。于是，他又匆忙来到军部向叶挺作了报告。

原来，项英见叶超去了军部未及时归来，此时四处都是枪炮声，他们就摸黑往前走，走到山洼里发现有一间破空瓦房里，便进去休息了。

叶挺听了参谋叶超的报告后，愤愤地说道："我虽然现在还没有重新入党，可我也是党派到这个部队来工作的！我要对党负责，对新四军负责！”叶挺便和随他行动的中共中央东南局副书记饶漱石商量，并联名向党中央和中原局领导人刘少奇发电报作了报告。

1月9日，党中央和刘少奇及时给叶挺发来复电，并把皖南新四军的指挥权全部交给了叶挺。

当日晚，新四军在高坦峡谷口，又遭到国民党第144师的袭击。高坦是一个仅有20多户人家的小村庄。四周又是高山峭壁，天黑雨大，山道难行，前边的队伍冒雨苦战，后边的队伍和辎重前进困难。叶挺悲愤地对大家说：“蒋介石比宋代卖国贼秦桧更可恶。我们为了抗日，要坚持战斗，宁愿流尽最后一滴血！”战士们纷纷表示，要和国民党反动军队决一死战。

战斗持续到天亮，叶挺下令向敌人发起全面反击，他走到一门钢炮跟前，拿起炮弹，亲自向敌人打响了一发炮弹后，指挥部队与敌进行决战。在强大的攻势面前，迫使敌人向茂林方向败退，部队趁机攻占了东流山，进入石井坑。

东流山位于高坦与石井坑之间，山势陡峭，

乱石矗立，居高临下，山上还有一片不大的松林，是一个天然的防御阵地。叶挺带领部队抢占了东流山制高点，并将指挥部设置在这里，准备组织突围。

这时，项英、袁国平、周子昆等人，在与叶挺失去一天多的联系后，又取得了联系，他们赶到指挥部会合。叶挺见到项英后，向他出示了中央的电报，传达了中央把新四军指挥权交给叶挺的指示。但叶挺仍以他和项英两人的署名向中央发出了“不惜战斗到最后一人一弹”的电报，这也是叶挺、项英联名向中央发出的最后一份电报。随后，新四军在叶挺的指挥下，开始进行新的突围作战。

围攻新四军的敌人虽然受到重创，但是援兵不断增加，他们集中所有机枪，向东流山疯狂进攻，包围圈越缩越小。

叶挺带领部队在东流山上苦战了两天两夜，粮食没有了，弹药也差不多打光了。大家担心叶挺的安全，要用武装掩护他撤离。叶挺再三谢绝了同志们的好意，坚定地说：“不行，我是军长，不能丢开这么多干部、战士不管！”

11 日晚，叶挺召开紧急会议，分析形势，部署突围方案。他鼓舞大家说：“我们是抗日的火种，留得火种在，不怕不燎原！”

12 日下午，叶挺指挥部队突围时，国民党军增调炮兵轰击东流山，日寇也出动飞机配合轰炸。新四军战士和敌人展开了殊死的搏斗。子弹打尽了，用刺刀拼，刺刀打断了，就用石头砸……就连女同志和护士们也拿起枪来与敌人搏斗。敌人冲上了东流山，不少受伤的战士为了不当俘虏，纵身跳下悬崖……新四军的战士们用鲜血和生命谱写出一曲可歌可泣的革命颂歌！

东流山失守了，石井坑也失守了，叶挺把指挥部撤到大王坑，又受到敌人的重重包围。到了 1 月 14 日，为营救被困在山上的部队，叶挺将个人生死置之度外，下山与国民党军第 108 师谈判，结果被扣押。

叶挺被扣押后，项英、周子昆、袁国平率部继续突围，政治部主任袁国平在突围中负伤后牺牲，副军长项英、参谋长周子昆带着 10 余人隐蔽于附近山区，3 月 14 日，在泾县蜜蜂洞被叛徒杀害。最后只有时任新四军皖南第1纵队司令员兼政委的傅秋涛等人，率领约2000人突围出去。

这就是国民党反动派一手制造的皖南事变。蒋介石对共产党对中国人民犯下了滔天罪行，又害怕人民知道真相，他下令封锁消息，严禁一切报纸刊物揭露皖南事变的真相；另外，他又捏造事实，把“违犯军令”的罪名强加到叶挺和新四军的头上，宣布取消新四军番号。

战斗在重庆曾家岩50号的周恩来同志，获悉皖南事变的消息之后，以极其悲愤的心情，奋笔疾书，写下了“为江南死国难者志哀”和“千古奇冤，江南一叶，同室操戈，相煎何急！”的题词，发表在共产党的《新华日报》上，向全国人民、全世界公布了皖南事变的真相。

“留得火种在，不怕不燎原！”反动派的血腥屠杀吓不倒革命战士，英雄的新四军并没有被杀绝。叶挺虽然被反动派关进了监狱，这“千古奇冤”却唤起了千百万爱国志士走上了抗日战场。党中央任命陈毅代理新四军军长，张云逸为副军长，刘少奇为政治委员，赖传珠为参谋长，邓子恢为政治部主任。把分布在大江南北的9万多名新四军将士集中起来，继续战斗在抗日前线。

火种已经变成燎原的大火，熊熊燃烧起来了。

大义拒降

皖南事变之后，国民党反动派在江西上饶设了一座集中营，把抓来的大批新四军将士囚禁在这里。集中营有4座监狱：七峰岩监狱、周田村监狱、茅家岭监狱和李村监狱。被囚禁的新四军将士吃不饱，睡不好，还戴着沉重的手铐脚镣，强迫去做苦工，过着非人的生活。

叶挺被囚禁在李村监狱，单独关在左边的第四个囚室里。为诱骗叶挺投降，蒋介石下令在监狱里给叶挺一些“优待”：不戴手铐脚镣，准许看一些经过检查的书籍。当他获悉党中央委任陈毅为新四军代理军长，率领9万抗日健儿，在敌后取得辉煌胜利的消息时，心里十分高兴，他写了一张字条，设法传给狱中的难友：“你们要加强团结，我们江南部队屡战皆捷，形势对我们有利，胜利一定属于我们。”难友们得到叶挺送来的胜利消息，更增强了对敌斗争的必胜信心。

叶挺利用敌人给他的暂时“优待”，坚持读书、锻炼，作长期斗争的准备。敌人不让他看马列主义的书，他就看宋朝爱国诗人文天祥作的《文山诗集》，诵读文天祥在监狱中写的《正气歌》。为了勉励自己，他在囚室的墙壁上写下了“富贵不能淫，威武不能屈”“正气压邪气，不变应万变”“坐牢三个月，胜读十年书”等豪言壮语。

入狱不久的一天，第三战区司令长官顾祝同，派了一辆小汽车把叶挺请到司令部。叶挺与顾祝同、上官云相都是保定军校同学，顾祝同和上官云相因“剿匪”有功，深得蒋介石器重。因此，叶挺一到上饶后，顾祝同便以同窗好友之名宴请叶挺，还让参谋长黄百韬等人作陪。叶挺看着满脸堆笑的顾祝同，静静地坐在那里，不动声色。

宴会开始了，顾祝同和他手下的高官们，先是假惺惺地表示关怀，虚伪地慰问一番，然后又轮流向叶挺敬酒。叶挺始终坐在那里，冷眼旁观。顾祝同自觉没趣，拐弯抹角地对叶挺说："今日能和军长欢聚一堂，十分荣幸。"他见叶挺还是不言不语，又故意压低嗓门继续说道："你又不是共产党的人，何必代人受过呢？你只要声明一下新四军的事情，责任不在政府，而是共产党自己干的，你不但可以恢复自由，还可以委任你担任第三战区副司令官之职。"

叶挺接过话头："要说有过，过在贵军。你们背信弃义，悍然围歼我军。我要求组织军事法庭，澄清事变真相，公诸国人。"

"请别误会，请别误会。"顾祝同和上官云相交换一下眼色，上官云相连忙赔着笑脸说："这次新四军……完全是项英受了共产党的指示，与军长无关，军长不必代人受过。你现在又不是共产党员，我们可以很好合作嘛！"

叶挺冷笑一声说道："你们想得倒不错呀！这次事变如果真正像蒋介石说的，是什么军令和法纪问题，那么，我是新四军军长，一切由我负责。"

叶挺光明磊落、大义凛然的一番话，把顾祝

同说得张口结舌，好久说不出话来。但他还是不死心，又装出十分知己的样子说：“叶将军，你我共事多年，兄弟愿以忠言相告，军长的军事天才早已闻名寰宇，委座十分钦佩，只要能够在新四军违犯军令的问题上发表一个宣言，马上就委任你为第三战区副司令，我们就能合作抗日……”

“无耻！”叶挺勃然大怒，他拍着桌子，厉声斥责道，“把你们这一套收起来吧！你们不顾国共合作共同抗日的诺言，悍然制造皖南事变，陷害新四军。‘合作抗日’这 4 个字，还亏你说得出口！你们如果是诚心找我谈判，必须立即释放新四军全体被囚人员。那么，我愿意率领旧部，重赴抗日前线，否则，我们之间就没有什么商量的余地！”

顾祝同被骂得狼狈不堪，上官云相连忙出来打圆场，他软中带硬地说：“叶军长不要发火，有问题好商量嘛。以军长的天才，如果愿意合作，前途不可限量，否则……”

叶挺仰天大笑，他以大无畏的气魄回答道：“叶挺头可断，血可流，志不可屈！”

1941 年 7 月，叶挺由上饶被押往桂林，名为李济深和张发奎看管，实则落入军统之手，在军统桂林办事处主任杨继荣的指挥下，叶挺被关进桂林城郊七星岩洞秘密囚室。他在这里被关了半年多，又被秘密押送至重庆。

1942年1月3日，叶挺在重庆下了飞机，沈醉等人立即迎了上去，并为叶挺准备了一乘轿子，轿门和帘子被严密遮盖。叶挺很不高兴，不想坐轿，沈醉等人一直请他坐，最后叶挺勉强同意。上轿之后，叶挺思考着，如何才能打破敌特的严密封锁，设法与中共党组织取得联系？情急之下，他声言要上厕所。正好街头不远处有公共厕所，特务让他进去了。叶挺迅速取出纸笔，在一张纸上飞快写下："阳翰弟，我已被押解来渝，任光在我身边阵亡。希夷。"而在另一张纸上写道："请拾到此信的朋友，买一信封，邮寄本市中国电影制片厂阳翰笙先生收，感激不尽。所附5元钞票，权作酬谢。"随后，他将纸条连同5元钱，用砖头压好，转身出了厕所门。

此信被一位爱国人士拾到后，寄到了阳翰笙手中。有一天，阳翰笙突然收到一封意外的来信，白色的信封上，只有收信人的地址和收信人名字，没有发信人地址。他惊奇地拆开一看，啊，原来是叶挺亲笔写的字条……阳翰笙怀着兴奋紧张的心情，立即拿着这封信去找周恩来。周恩来一看信，惊喜地说道："好，我们正在设法找他呢！反动派玩弄阴谋诡计，说他生活得好，很自由，全是鬼话！有了这封信，我就可以立刻去找蒋介石。"

叶挺到重庆后，囚禁在望龙门22号特务团团长杨清植公馆。尽管上官云相、顾祝同等一干人对叶挺的拉拢均告失败，但蒋介石征服叶挺之心不死，他又令曾帮他"引掖贤才"的老手陈诚，以老同学、老同事的关系去做叶挺的工作。

陈诚时任湖北省政府主席、国民党第六战区司令官，与叶挺是保定军官学校同学，之后又同在粤军第一师任职，两人私交一向很好。因此，他认为很有把握做通叶挺的工作。

叶挺自囚禁以来，为抗议国民党的无理关押，一直拒绝理发，到重庆时，须发半尺，听说陈诚要来探望，戴笠指示沈醉，立刻带上新衣服和理发师，让叶挺收拾一番。无论沈醉怎么劝说，叶挺坚持一条，不获无条件释放，决不理发。当陈诚来到狱中见到叶挺时，非常吃惊地问：“希夷，你怎么把自己搞成这个样子？”

叶挺冷笑着说：“我这个样子，还不是全拜你们所赐吗？”

“怎么不理发？”

“不给我自由，我理发干什么？”

两位老同学，如果不是因为信仰和政见不同，两人的私交还算不错。陈诚说：“这种生活，一定要结束，再也不能继续下去了。跟我走吧，去第六战区。”

“干什么？”叶挺又冷冷地问道。

“出任副司令长官。”

叶挺回答说：“我是新四军军长。除了恢复新四军，由我继任军长，其他职务，概不接受。”

“这是不可能的了。”陈诚十分为难地说。

“堂堂的国民政府，难道可以不讲公理？”

“我现在不是和你在讲道理吗？我并没有把你当成真正的囚徒。”

“那就请你解释，为什么要解散新四军，国难当前，为什么要屠杀自己的同胞？”

陈诚顾左右而言他：“这些事已经过去了，咱们不提了。”

“为什么不提？杀人者升官发财，抗日者被囚禁，这就是你们的公理？”

平时能言善辩的陈诚，根本无法回答这些问题，只好红着脸离开。

陈诚又来看望叶挺，并且掩盖不住内心的兴奋，热情地对叶挺说：“希夷，你有什么话要对委员长说的吗？”

叶挺冷冷地说：“没有。”

陈诚试探性地问：“如果……如果是委员长来找你呢？”

“他找我干什么？我并不想见他！”

“希夷，这么多年，你的性格还是没变。”陈诚笑了笑，接着说道：“不过，过分好强，并没好处。据我所知，委员长对你是相当关心的。”

“没有他的关心，我怎会当囚徒呢？”

“他终究是一党的领袖，连共产党也要和他谈统一战线呢。你我同学一场，我虽想帮你，却也无力让你全身而退。他是总司令，既然他想见你，为什么又不当面说一说你的想法呢？”

叶挺沉思片刻，最后慨然允诺：“好！”

碧血丹心化囚歌

叶挺答应见蒋介石，这让陈诚非常高兴。他趁热打铁，劝叶挺理发修面。叶挺主意已定，便不在这些细节上坚持，便由他安排，然后登车来到蒋介石住地。

一路上，陈诚婆婆妈妈地嘱咐：见面时，应该讲什么，不应讲什么，要注意些什么，十分细心周到。同时，还一再告诫叶挺这次会面，意义非比寻常。处理得当，有可能立即恢复自由，否则，也可能有杀身之祸。

对陈诚的提醒和种种“好意”，叶挺一直闭目，沉默不语。

蒋介石的会客厅里，挂着孙中山先生的遗像

和那副有名的对联："革命尚未成功，同志仍须努力。"

一群卫士匆匆走来，在室外分成两行。

"委员长到！"随着一声吆喝，室外顿时变得鸦雀无声。

脚步声由远及近，渐渐到了门前。那张瘦削的毫无表情的脸，在屋子里扫视一下之后，然后落在了叶挺身上。

"今天来，知道错了吗？"语气不紧不慢，却透出一股冷酷的威严。

"我没有错。"

突然的提问，果断的回答，双方的交锋如短兵相接，态度鲜明，没有一丝掩饰。一种难堪的局面出现了，会客厅内一时安静得掉根针也能听见。

蒋介石以为经过两年的监禁，叶挺的性子早就磨平了，只要居高临下一威一吓，就可以让他垂手就范。哪想到与两年前相比，甚至跟印象中的叶挺相比，不仅没有软化，性格反而更加强硬了。他向前走了几步，用来掩饰自己的尴尬和难堪，接着狠狠地瞪了陈诚一眼，心里想发火。等了两年多，他多么希望这位北伐名将能归顺在自己的帐下，这不仅有利于增加他的个人威望，当然还有政治方面的考量。由此付出的种种努力，似乎没有效果。

一旁的陈诚如坐针毡。他事先一再叮嘱叶挺，不要乱说话，一切按他说的那样做。谁知一见面，两人明显话不投机，这样下去，要惹出大祸。怎么办呢？他焦急万分，却根本插不上嘴。

“你没错，那就是共产党的错。共产党目无政府，目无领袖……”蒋介石目露凶光，接连指责了一大堆共产党的不是。

“如果有人违反军令，破坏军纪，而统帅因循苟且，甚至姑息养奸，那我统帅就不能辞其责任，全国军队也就无法作战。大家只有在森严的军纪之下，共同勉力于神圣的战争，来完成我们挽救国家、复兴民族的使命……当然……”蒋介石话锋一转，语气变得稍微柔和一些，“新四军的事，与你无关。你早期追随国父，是我党较早之党员，是北伐名将。我对你，早有考虑。”

蒋介石接着向前走了几步，根本不容人插嘴，回头一个劲地说道："你继续当军长、上前线、打硬仗。我准备让你去 62 军，如果你认为不合适，也可以去新编 22 军，两者由你挑……"接着他向叶挺介绍了两个军的地理位置，作战任务，言语中露出极大的信任和热情，根本不容人反对和推辞。

陈诚见叶挺听着蒋介石的话，一言不发，他那颗受惊的心稍有放松了。委员长很少对人表现出这种宽大和器重，叶挺就是一块铁，这时也该焐热、熔化了。

蒋介石冗长的说教结束后，叶挺冷静地回答道："委员长先生，我现在还是个囚徒，你提的这些，我还没法考虑。"

好似一盆冷水当场泼下。蒋介石又气又恼，半晌说不出话，将头扭到一边。

陈诚立即上前说道："希夷，委员长都开口了，你还有啥顾虑的？过去的事已经过去了，现在听委员长安排……"

"不，过去的事必须得有个说法。"叶挺望着蒋介石，"我率领新四军在皖南抗战 3 年，多次得到你的嘉奖。部队北上，也是执行两党的决议。

行军路线，是我亲赴上饶，与顾祝同当面商定的。为什么要遭受屠杀，为什么要解散部队？到底是谁违反了军令、军纪？你是委员长，又是最高统帅，为了严明法纪，应该惩办发动皖南事变的罪魁祸首，释放全部被俘将士，恢复他们的自由和名誉。”

“他们是共产党！”蒋介石突然大发雷霆，“共产党一个也不能放！”

“你不是公开声明，共产党是合法之政党吗？”

蒋介石吃惊地望着叶挺。他自知一时气恼，一不小心暴露了内心的真实想法，急忙补充道：“我先前是说过，可他们目无政府，目无法纪……”

“如果有责任，那我是一军之长，应该对我实行公开的军法审判，一切由我负完全的责任，我的属下，是服从我的指挥，他们是无罪的。”

“你负责？”蒋介石冷冷的目光盯着叶挺，“你负得了责任吗，至今你还执迷不悟！”

“你是国民革命军的总司令。如果你的手下将领，遇事不敢对自己的部下负责，这算什么将领？难道你需要这样的将领？这种将领能打仗，能赶走日本侵略者？”叶挺的话，柔中带刚，有理有节，一时把蒋介石问得哑口无言。

坐在一旁的陈诚，心中着急却又插不上话，也不敢插话，只好不停地抹着额头上的细汗。

蒋介石经过短暂思考，终于发起攻击：“一位北伐名将，堂堂的将军，为什么要死跟着共产党？你加入过他们那个党，得到的是什么？你的大好前程都被他们毁掉了。你已经不是共产党员，为什么还要对他们表示忠诚？你难道没好好想过这些问题？”

“委员长！”叶挺控制着自己的情绪真诚地说道，“是的，我现在并不是共产党员，但我是一个中国人，我爱中国，我率领新四军上前线，是为了抗击侵略者。我不准备效忠任何个人，我只效忠于这个国家，这个国家的人民。任何党派，任何个人，如果他背叛了国家和人民，都要遭到人民的唾弃，是不会有好下场的。因此，我请求委员长，严明法纪，惩办发动皖南事变的罪人，释放新四军全体被俘人员，为抗日将士伸张正义。这就是我的心里话，也是我的良心话。为了抗日救国，我向你提出这样的请求。”

蒋介石连连摆手，然后威胁道：“我指示尔一条正路，尔能绝对服从我，跟我走，尔一定可以得到成功，不然尔就算完了。”

叶挺坦然地说：“我早就决定……我已经完了！请枪毙我吧！”

蒋介石最后无可奈何地说：“算啦、算啦！”

过后，叶挺被转押囚禁在重庆中美合作所白公馆囚室，经受着残酷的迫害。叶挺的身体被摧残得十分衰弱了，但是他顽强不屈的英雄气概丝毫也没有减弱。想到祖国被日寇铁蹄践踏的大好河山，想到蒋介石背信弃义，残酷迫害革命志士，想到自己带领新四军战士英勇杀敌的壮怀激烈，想到自己因抗日而获罪的无故冤屈，想到反动派用软硬两手劝降的丑恶行径，他越想越气愤，拿起笔来，用自己的生命和热血，在囚室的墙壁写下了满怀悲愤、正气浩然的《囚歌》，表达自己宁为玉碎、不为瓦全的坚强意志和斗争到底的决心：

为人进出的门紧锁着，
为狗爬出的洞敞开着，
一个声音高叫着——
爬出来吧，给你自由！
我渴望着自由，但也深深地知道，
人的躯体怎能从狗洞子里爬出！
我希望有一天地下的烈火，
将我连这活棺材一齐烧掉，
我应该在烈火和热血中得到永生！
……

重获自由

1945年8月15日，日本宣布投降。四万万中华儿女，经过多年的浴血抗战，同仇敌忾，奋起反抗，用血肉之躯筑成新的长城，终于打败了日本强盗，取得了抗日战争的伟大胜利。

此时的叶挺，仍然被蒋介石关押在重庆中美合作所。

抗日战争胜利后，中国共产党和中国国民党两党就中国未来的发展前途、建设大计，在重庆进行了一次历史性会谈。10月10日，国共双方达成了《政府与中共代表会谈纪要》，即“双十协定”。协定里明确规定了释放爱国政治犯这一条。中国共产党又一再向国民党蒋介石提出释放叶挺的要求。但蒋介石阳奉阴违，一拖再拖。直到1946年春天，中共中央为使叶挺提早获释，向国民党提出一个交换条件，即愿以释放1945年秋季在邯郸战役中被俘的国民党第11战区副司令长官兼40军军长马法五，交换叶挺。加上爱国民主党派、民主人士纷纷声援，蒋介石面对风起云涌的爱国民主浪潮和国际国内形势的变化，最终被迫接受了中国共产党的这个建议。

自由，终于向着叶挺又靠近了一步。

在叶挺出狱前夕，国民党当局还给他送来了一套呢子将军服，要他出狱时换上。叶挺不屑一顾地说：“我不要，我有新四军发给我的军装！”国民党军统局总务处处长沈醉询问叶挺："获释之后第一件事想做什么？"叶挺爽快地告诉他："我出去的第一件事，就是请求恢复我的共产党党籍。"沈醉回去向他的上级戴笠复命时，把叶挺的话重复了一遍，戴笠噎得半天说不出话来，最后说了一句："共产党人的可怕，就在于此！"

1946年3月4日，被国民党反动派囚禁了5年2个月的叶挺出狱了。

这天下午，重庆曾家岩50号中国共产党代表团驻地张灯结彩，到处洋溢着喜庆气氛。大家把道路打扫得干干净净，在门口贴上了醒目的大标语"欢迎叶将军""叶挺将军是人民的光荣"。这一切，都在庄严宣告：被中共中央从国民党军统局黑牢里营救出来的叶挺将军，就要回到党的怀抱了。叶挺太有名望了，行人经过此处纷纷驻足观看，甚至一时将马路阻断，大家都想一睹叶挺将军的风采。

下午6点50分，一辆轿车疾驰而来，在一片鞭炮和欢呼声中，停在了带着无尽的喜悦、翘首以盼的人群旁。汽车刚一停稳，叶挺就从车内走了下来。只见他身穿袖口绽露出棉花的灰黄色军服，面容憔悴，但双目炯炯有神。董必武、王若飞、邓颖超等同志，还有许多同志和朋友，都来了。叶挺的女儿小扬眉，也拉着妈妈早早地就等候在这里。

叶挺刚走出汽车，董必武等同志就快步上前，与叶挺握手、拥抱。“欢迎、欢迎！”“谢谢、谢谢！”在这些简简单单的问候中，饱含着多么喜悦、多么期盼和多么复杂的感情……看到此情此景，每个在场的人眼里都噙满了泪水。

大家簇拥着叶挺来到会客室。在明亮的灯光下，人们发现，这位叱咤风云、让敌人闻风丧胆的北伐名将，已不像从前那样精神了。那浓密的乌发已经变得稀疏灰白，头发蓬松直立着。那四方脸膛和前额，被铁窗生活烙上了深浅不一的皱纹。但人们也发现，经过长期磨难的叶挺身体依然健壮，举手投足仍然展现出军人的风姿。饱经沧桑的脸上透露着睿智和坚毅。特别是他那炯炯有神的双眼，更闪现出犀利、洞穿一切的光芒。

小扬眉奋力地挤进人群，一下子扑到爸爸身

上哭泣起来。叶挺抚摸着女儿黑油油的头发，两行热泪情不自禁地流下来。看到这种情景，在场的人都百感交集，气氛一下子变得沉闷起来。叶挺看到大家都在为他难过，极力克制住感情，笑着拍拍小扬眉的头说："我们应该高兴啊！"小扬眉看到爸爸笑了，一边擦着眼泪也一边笑了起来。

叶挺获释后，重庆《新华日报》和延安《解放日报》均在显著位置发表了叶挺获释的消息。《解放日报》还发表了题为《欢迎叶挺将军》的专文，对叶挺在北伐战争和抗日战争中建立的卓著功勋和业绩，对他身陷囹圄，仍坚持革命气节、不屈不挠的斗争精神，给予高度评价。

新四军代军长陈毅及全军将士向叶挺发来热情洋溢的慰问电，共产党著名将领、叶挺南昌起义时的亲密战友、晋冀鲁豫军区司令员刘伯承特意驰电表示慰问。

经过长期的革命实践与考验，叶挺深刻认识到：只有中国共产党才能领导中国人民推翻帝国主义、封建主义和官僚资本主义三座大山，建立一个和平、民主、富强的新中国。一幅幅生动画面，一次次战斗场景，不停在他脑海里翻腾。最使他难以平静的就是自己离开了党。自从离开了党，自己就像是离开了雁群的孤雁，就像是离开母亲的孩子。现在自由了，决心义无反顾地投入党的怀抱。出狱后的第二天凌晨，叶挺叼着烟斗，坐在桌前，在面前的一张十八集团军公用信笺上庄严地写下了他内心的渴望：

毛泽东同志转中国共产党中央委员会：

我已于昨晚出狱。我决心实行我多年的愿望，加入伟大的中国共产党，在你们的领导之下，为中国人民的解放事业贡献我的一切。我请求中央审查我的历史是否合格，并请答复。

叶挺

3月5日

党中央、毛泽东主席收到叶挺发来的申请入党的电报后，第二天就进行了研究。3月7日凌晨，由毛泽东主席亲自修改的复电，通过无线电波，从遥远的西北高原，传到了山城。

亲爱的叶挺同志：

5日电悉，欣闻出狱，万众欢腾。你为中国民族解放与人民解放事业进行了二十余年斗争，经历了种种严重考验，全中国都已熟知你对民族与人民的无限忠诚。兹决定接收你加入中国共产党为党员，并向你致以热烈的慰问与欢迎之忱。

中共中央

3月7日

叶挺终于实现了多年的愿望，重新回到了党的怀抱。

毛泽东在复电上，亲自将叶挺将军改为“亲爱的叶挺同志”，同志，这是多么亲切的称呼啊！想当初，他从国外回来组织新四军时，到延安看见“欢迎叶挺将军”的标语，他的心里就很不是滋味，心想，如果称“叶挺同志”就好了。

今天，终于等到了这一天。又是毛泽东第一个亲切地称呼他为同志，怎能不让他感到无限的幸福和骄傲。喜悦、幸福的笑容，一天到晚都挂在叶挺的眼角眉梢，他的妻子李秀文也非常高兴，她对身边的朋友说："我一辈子不曾看见他像今天这样高兴！"

是的，作为一个决心为共产主义奋斗终身的革命战士，还有什么比政治生命更宝贵的呢？

将星陨落

叶挺一回到党的怀抱，就迫不及待地向党中央请求工作，他感到被耽误的时间太多了，他要继续为革命、为人民、为中华民族的解放而战斗。

长期的黑牢生活，摧残了叶挺的身体。党中央、毛泽东十分关心叶挺的健康状况，决定送他去休养一个时期。叶挺十分感激党中央的关心和照顾，但强烈的战斗欲望，使他一刻也不想再耽误了。他没有休养，四处奔走，接受爱国民主人士的邀请，愤怒揭露蒋介石反动派的桩桩罪行，热情地号召一切热爱祖国的人民，为争取革命胜利、祖国的和平民主而斗争！

1946年4月8日，春寒料峭，云层压地，这一天注定是个黑色的日子。叶挺与夫人李秀文、孩子小扬眉、阿九等人，搭乘周恩来通过军调处执行部安排的飞往延安的飞机。本来，周恩来劝他多休息几天，另乘飞机走。但叶挺回延安的心情迫切，就像离家多年的孩子那样，想早一点回家，坚持乘这趟飞机。

除了叶挺一家外，还有中央高级干部王若飞、博古（秦邦宪）、邓发等13人。8时45分，这架由美国飞行员兰奇上尉驾驶的C47型双引擎飞机呼啸着从重庆机场跑道起飞，轰鸣着向北飞去。

飞机起飞后，一切都很正常。

4月8日12时25分，延安电台收到了飞机发来的无线电联络电波。这个消息立即传给了党中央、毛泽东，传到了延安的老百姓中间。下午1时，毛泽东、朱德、任弼时、林伯渠等中央领导人，还有秦邦宪、邓发同志的夫人和子女，都已来到了机场。叶挺的两个儿子也早早被接到机场。延安各界的代表怀着极大的热情，在蒙蒙细雨中会集在延安宝塔山下的简易机场，大家兴高采烈，有说有笑，将跟亲人、战友重逢的喜悦心情溢于言表，欢乐的气氛充满了整个机场。大家都在盼望着英雄们早日归来。下午2时许，空中传来飞机的隆隆声。“来了，飞机来了！”大家翘首期待着飞机降落。声音由远而近，人们睁大双眼透过云雾寻找那个黑点。片刻，隆隆声又由近而远，渐渐看不见了。随着时间一分一秒地流逝，人们的心情也越来越紧张，一种不祥的预感涌现在人们心头，大家的心情也从兴奋变成了沉郁……

时间在人们焦灼的等待中一天天过去，最终等来的却是令人悲痛欲绝的噩耗。原来，8日下午，叶挺他们乘坐的那架飞机，在浓密的云层中偏离了航向，越过了延安地区，继续向北航行了250公里，在进入山西省兴县境内后，在高度1000多米的云层中摸索穿行时，与海拔2000多米的黑茶山迎头相撞，当即爆炸起火，酿成了机毁人亡的历史悲剧。

06 尾声

直到4月12日，黑茶山机毁人亡的噩耗传到延安，中共中央及整个延安都沉浸在巨大的悲痛之中。中央一面指示晋绥边区对遇难者遗体进行妥善处置，为即将转移到延安做好准备；一面于当夜及第二天以中共中央和驻渝代表团的名义，发布了讣告。

从黑茶山到岚县解放区，听说要把烈士们的遗体运送回延安，半个小时就来了1000多人，他们抬着烈士的灵柩，一步一步朝延安走去。100多公里的路程，用了20多个小时，烈士们的遗体回到了延安。

4月19日上午，延安、重庆两地，同时举行追悼大会。朱德、刘少奇、林伯渠等领导人与3万多名延安各界群众一起，会集到公祭大会广场上，沉痛追悼为人民利益献出宝贵生命的叶挺和王若飞等革命同志。

参加追悼会的人都静穆地肃立着，人人胳膊上都佩戴着黑纱，个个脸上都淌着泪水。毛泽东亲笔题写了“向‘四八’遇难烈士志哀”“你们为人民事业而死，虽死犹荣”的挽词，并在祭文中这样写道：“亲爱的战友们，不朽的英雄们：数十年间，你们为人民事业而死，虽死犹荣！你们的死是一个号召，它将加深中国人民对于中国共产党的认识，它将加强中国人民坚持和平、民主、团结事业的决心！你们的死是一个号召，它号召全党党员和全国人民团结起来，为和平、民主、团结的新中国而奋斗到底！全党党员和全国人民将继承你们的遗志，继续奋斗，直到胜利，决不懈怠，决不退缩！”

朱德总司令的挽联是：“为全国人民和平民主而牺牲。”

刘少奇的挽联是：“把给予我们伟大死者的悲痛变为积极的力量来巩固和平争取民主！”

在国民党统治区的重庆，各党派各界代表6000多人在市区青年馆隆重举行追悼大会。中共代表团出席追悼会的有周恩来、董必武、吴玉章、陆定一、廖承志等。国民党方面的代表，部分民主人士也都参加了追悼会。

公祭典礼上，人们悲切地唱着：“滚热的眼泪无法阻挡，千人万人的眼泪流成了长江，这天大的损失啊，怎样补偿……”

周恩来热泪滚滚，未语先泪，简述了“四八”惨祸的经过，对王若飞、秦邦宪等烈士的业绩进行了颂扬后，高度赞扬了叶挺英勇善战，在北伐战争、南昌起义、广州起义、抗日战争中，为国家为民族建立了不朽的功勋，堪称国之干将。他感叹这位四海知名的军事战将刚刚出狱一个多月，几乎全家罹难，其不幸遭遇，悲天恸地。

陈毅作《哭叶军长希夷同志》。

叶剑英怀着对老战友的无限怀念之情，为叶挺献了一副挽联：

三十年戎幕同袍，六载别离成永诀；

五千里云天在望，一腔热血为招魂。

聂荣臻和贺龙与叶挺共同指挥南昌起义，是

叶挺的亲密战友，当时两人共同指挥张家口前线作战，二人共同向延安追悼大会献了一副挽联：

忆赣水南昌，并辔驰驱犹昨日；
哭大河兴县，共承遗志创明朝。

当代诗人臧克家写过这样的诗句：“有的人活着，他已经死了；有的人死了，他还活着。”

叶挺已逝，但精神永存，正像他自己写的诗一样，在烈火和热血中得到永生！

1986 年 4 月，位于广东省惠州市惠阳区的叶挺故居被改建为叶挺纪念馆，叶剑英元帅题写馆名。2001 年，叶挺纪念馆被中宣部授予全国爱国主义教育示范基地。2008 年 8 月，叶挺纪念馆扩建为叶挺将军纪念园。2016 年 12 月，叶挺将军纪念园入选全国红色旅游景点。

1988 年 10 月，叶挺被中央军委确定为我军 36 名开国军事家之一。

2009 年 9 月，新中国成立 60 周年之际，叶挺被评为新中国百位英雄模范人物之一。

后　记

编写本书的过程，是走近老一辈无产阶级革命家叶挺将军并向他学习致敬的过程，是接受精神洗礼、仰望崇高的一次温故之旅。北伐往事、八一南昌城头的枪声、新四军挺进大江南北与日军作战等历史风云，随着叶挺将军的故事，一一在我们眼前铺展，遥远的历史因为叶挺将军伟大的人格和鲜明的性格变得可亲可感，触手可及。他们是历史的参与者、见证者，同样也是历史的创造者。

温故历史我们发现，叶挺将军和那个时代的很多人一样，出生在贫穷落后的、备受帝国主义列强欺凌的旧中国。他的家庭也是贫困的，正因为如此，他对人民的苦难感同身受，促使他不断思考并寻求改变。从青少年时期起，立志拯救国家民族于危亡，发誓要作革命的圣贤。正是内心这种“敢为天下先”“敢为天下人出头”的驱动，开启了他波澜壮阔的一生。

学习先辈革命事迹，我们发现叶挺将军作为革命军人，热爱人民、热爱军队、热爱士兵，他认为只有平时苦练精兵，战时才能战胜强敌，夺取胜利；他精于运筹帷幄，也勇于冲锋陷阵，有着身先士卒、临危不惧的英雄气概，哪里有危险，他就出现在哪里；他洁身自爱，富贵不能淫、贫贱不能移、威武不能屈的高贵精神，在任何时候任何情况下都永葆初心，坚定政治信仰不动摇。这些精神，正是我军优良传统的源头之一，直到今天，这种光荣本色像血液一样，仍在我们的军队、在每一名官兵身上流淌。

叶挺将军的一生是伟大的，需要我们一代一代人用笔去记录，用心去感受，用情去讴歌，让老一辈无产阶级革命家的英雄故事融入红色血脉代代相传，生生不息。我坚信，叶挺将军的英名和不朽的精神，定将如他自己诗中所写的那样，在烈火中得到永生。

在编写过程中，得到军事科学院军队政治工

作研究院领导和机关的大力支持；赵一平、康月田、张明金、李平、李博、陈政举等多位专家学者进行了审读，提出了宝贵的意见。

主要参考书目有：《新四军战史》（《新四军战史》编辑室著/解放军出版社）、《叶挺传奇》（李醒著/文化艺术出版社）、《革命将帅卷——叶挺》（王春江著/中国青年出版社）、《叶挺》（朱司俊编著/二十一世纪出版社）等。

在此，谨向关心和帮助本书编写工作的各位领导、专家学者，以及上述书目作者、编辑致以最诚挚的谢意！本书中涉及的对历史人物的理解，以及在编辑过程中对党史知识的肤浅认识，个别观点存在偏颇在所难免，敬请读者批评指正。

图书在版编目（CIP）数据

叶挺 / 军事科学院解放军党史军史研究中心编. --北京：学习出版社，2022.11（2024.7 重印）

（中华先烈人物故事汇）

ISBN 978-7-5147-1098-4

Ⅰ.①叶… Ⅱ.①军… Ⅲ.①叶挺（1896-1946）—传记 Ⅳ.①K825.2

中国版本图书馆CIP数据核字（2021）第254517号

叶　挺

YE TING

军事科学院解放军党史军史研究中心

责任编辑：朱仕娣　　封面绘画：刘书移
技术编辑：刘　硕　　内文插图：韩新维
美术编辑：杨　洪　　装帧设计：壹读闻话

出版发行：学习出版社
北京市东城区崇外大街11号新成文化大厦B座11层（100062）
010-66063020　010-66061634　010-66061646
网　　址：http://www.xuexiph.cn
经　　销：新华书店
印　　刷：河北鹏润印刷有限公司

开　　本：787毫米×1092毫米　1/32
印　　张：5.75
字　　数：81千字
版次印次：2022年11月第1版　2024年7月第2次印刷

书　　号：ISBN 978-7-5147-1098-4
定　　价：22.00元